図解・やるべきことがよくわかる

ドラッカー式マネジメント入門

DRUCKER
Introduction to Management Theory

竹石 健
KEN TAKEISHI

イースト・プレス

はじめに　人間を〝幸福〟にするための「ドラッカー哲学」

P・F・ドラッカーが『企業とは何か』（1946年）を出版し、フォードの再建、GE（ゼネラル・エレクトリック）の組織改革の教科書となってから、すでに70年以上の歳月が流れた。そして世界中にマネジメントブームを巻き起こしてからも、ドラッカーは常に時代の転換期の予兆をとらえ、「新しい時代の人と組織のあり方」に、貴重な指針を与え続けてきた。

いち早く高齢化社会の到来を見通した『見えざる革命』（1976年）、今日の経済人の基本姿勢を示す嚆矢《こうし》となった『イノベーションと企業家精神』（1985年）、ソ連など社会主義国家の崩壊を予告した『新しい現実』（1989年）。そして、少子高齢化社会、IT革命、グローバル経済がもたらす人間社会への影響などを解説した『ネクスト・ソサエティ』（2002年）……。

そう考えると、ドラッカーの著書は、単なるビジネス書や経営学教科書の枠を超えていることに気づく。じつは彼は、単なる「経営学者」ではない。むしろ、ドラッカーの本質は、社会全体を俯瞰《ふかん》し、変化を見極める哲学者であり、〝幸福の求道者〟である。

人間が幸せになるためには、社会の発展が不可欠だ。それは現代においては、国家や政治以上に、企業が大きな役割を担うが、そのため、企業という組織の中で人間が生き生きと働く方策を、彼は絶えず提言してきた。それが働く個人に満足を与え、家族にも社会にも幸福を与え、その結果、資本主義社会が発展していく、という強い信念があったからである。

したがって彼の著書をひもとく際には、「企業は人間社会でどんな役割を果たすべきか？」「そこでの人間の幸福とは何か？」といった、人間の営みの根源的な部分への言及に注目してほしい。読み方次第では、哲学書とも、人間の生き方を模索する指南書としても役立つはずだ。

2005年、あと8日で96歳を迎えるという日にドラッカーは亡くなった。世界中のマスコミが「巨星墜つ」と報道してから、はや10年以上になる。

しかしドラッカー理論の輝きは、ますます増しているかのようだ。いま話題の「働き方改革」「弱者にも生きやすい社会」「情報リテラシーの重要性」などは生前、彼が説いてきたテーマである。彼の予言通りというより、ようやく時代が彼に追いついてきたのかもしれない。

企業人としても社会人としても、ドラッカーの「幸福追求」の哲学をかみしめ、実践していくことが、社会の明日を切り開いていくことにつながるはずだ。本書がささやかながら、ドラッカー哲学を理解していく道標《みちしるべ》として役立つことを、切に願っている。

編著者・竹石健

CONTENTS

第2章 ▼変化をとらえる! 8つの原則 049

第3章 ▼儲かる仕組みをつくる! 6つの原則 083

第4章 ▼人を動かす！ 13の原則 109

第5章 ▼ 成果をあげる！ 13の原則 163

第6章 強みを引き出す！ 11の原則 217

第1章

「マネジメント」とは何か？

1

企業の目的とは何か？

実のところ、販売とマーケティングは逆である。同じ意味でないことはもちろん、補い合う部分すらない。
もちろん、何らかの販売は必要である。だが、マーケティングの理想は、販売を不要にすることである。マーケティングが目指すものは、顧客を理解し、製品とサービスを顧客に合わせ、おのずから売れるようにすることである。

『「マネジメント」エッセンシャル版』より

ドラッカーが「顧客の創造」を重視する理由

一般的に「企業は営利を追求するためにある」と考えられている。しかしドラッカーは、これに異を唱える。彼は、「利益は企業活動を支える最低条件でしかなく、それが目的なのではない」という。**会社という組織は、まず社会に貢献するために存在する**というのが彼の見解だ。では、企業にとっての社会貢献とは何か？　**その第一は「顧客の創造」である。**

企業は顧客が求め、それを満足させる製品やサービスを提供することでしか生き残れない。顧客が求めるものをいち早く察知し、その欲求に応える商品を提供してはじめて、欲求が購買に変わり、企業は評価される。つまり常に顧客の需要を汲み取り、その意識に見合ったものを提供していくことが、第一に企業が果たすべき社会貢献なのである。だからドラッカーは、「顧客の創造」を第一に考える。

顧客を創造しないかぎり、企業は生き残れない。「企業の価値を決めるのは顧客」だからだ。

顧客は気に入った製品やサービスを手に入れるために対価を払う。その対価を多く集められる企業だけが、〝価値が高い優れた企業〟という評価を得られる。たとえばアップルのｉＰｈｏｎｅやｉＰａｄが「かっこいい」と若者たちの共感を呼び、大ブレイクしたことはご存じだろう。

その半面、顧客の創造に失敗すれば、企業はその使命を果たすことができない。欲求に応えられないと売り上げという目標を達成できず、市場から撤退せざるを得ない。したがって、企業が自らの発展と社会貢献を願うなら、「顧客を創造」していかなければならない。

「マーケティング」とは顧客のニーズを汲み取ること

顧客が価値を認め、求めるのは「製品そのものではなく、それらが提供する〝効用〟」である。効用は「満足感」と置き換えてもよいかもしれない。したがって企業は、製品やサービスを通じて彼らを満足させるよう、絶えず働きかけていかねばならない。企業にはそのためのマネジメントが不可欠で、**その第一の武器になるのが「マーケティング」である。**

ここでいうマーケティングとは一般にいわれているような、「市場調査」でもなければ「販売テクニック」でもない。人々の欲求を察知し、消費、利用してもらえるような満足を与える戦略を練ること。言いかえれば、「売れる仕組みづくり」である。マーケティングとは、「顧客は何を求めているか」を自らに問いかけ、彼らの欲求、ニーズを把握して、それを満足させるべく、「我々はこうした製品やサービスを提供できます」と訴えかけることに尽きる。

「マーケティング」と「イノベーション」がマネジメントの両輪

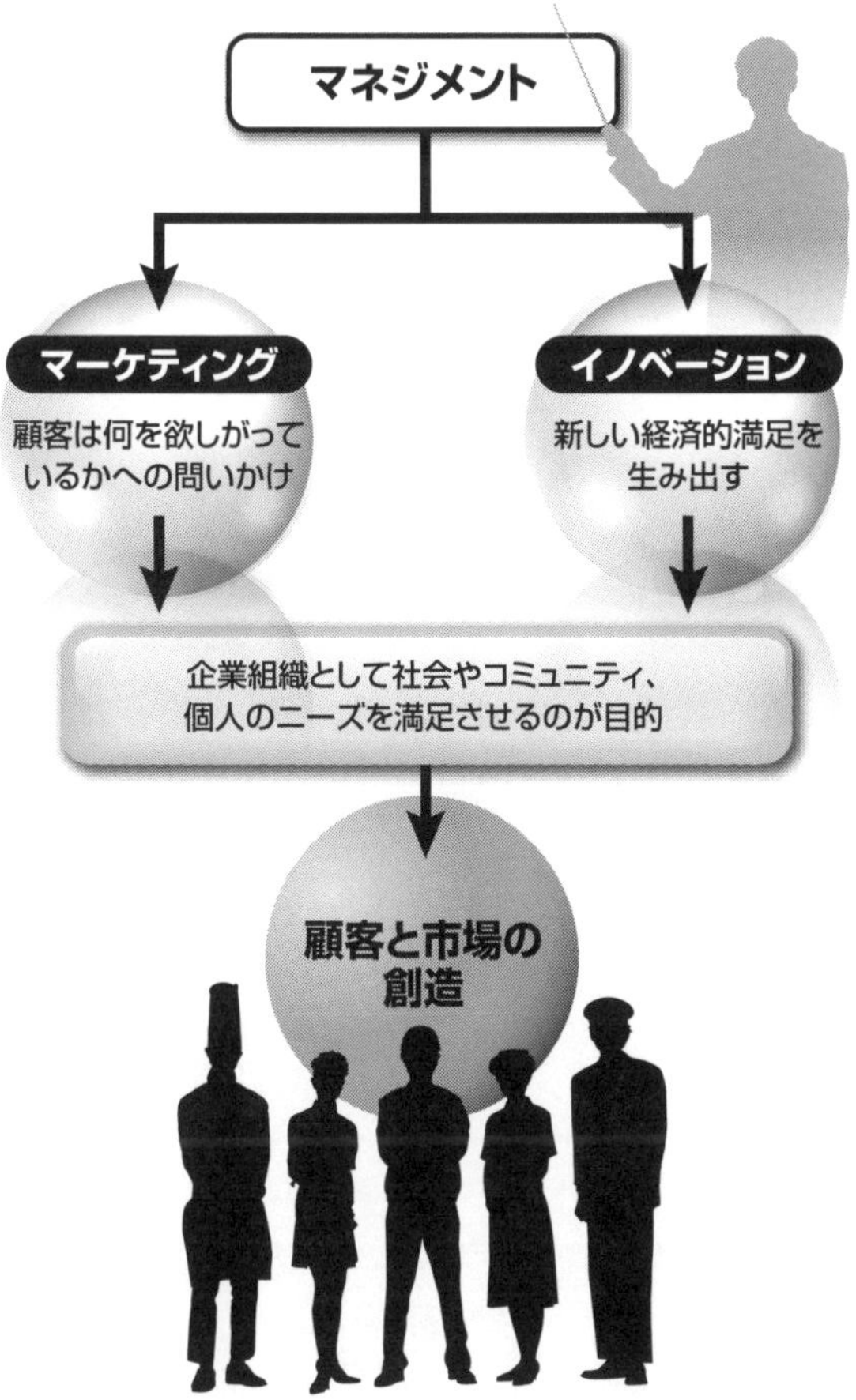

マネジメント
マーケティング
顧客は何を欲しがっているかへの問いかけ
イノベーション
新しい経済的満足を生み出す
企業組織として社会やコミュニティ、個人のニーズを満足させるのが目的
顧客と市場の創造

Keyword

企業は社会貢献をするために存在し、その第一は「顧客を創造」である。

2

マネジメントに大事な2つの要素

企業の第二の機能は、イノベーション、すなわち新しい満足を生み出すことである。単なる経済的財とサービスを提供するだけでなく、より明確に、より豊かな経済的財と、サービスを提供しなければならない。イノベーションの結果、もたらされるものは値下げだけかもしれない。しかしそれは、企業が自分で処理できるだけというだけにすぎない。イノベーションの結果もたらされるものは、よりよい製品、より多くの便利さ、より大きな欲求の満足である。

『「マネジメント」エッセンシャル版』より

マネジメントに不可欠な二大要素

しかし、マーケティングだけで企業は成功できない。マーケティングは「現在の事象」には対応できるが、**企業は絶えず成長する経済に対応していかなければならず、未来への変化を前提として活動していかなければならない**からだ。

これを可能にするのが「イノベーション」である。これも単なる「技術革新」や「発明」「改良」ではない。「新しい経済的満足を生み出すための方策を生み出すこと」である。ビジネスの激しい競争の中で、同じ商品を同じ顧客層に、同じ方法で提供しているかぎり、価値の下落は避けられない。それは価格の低下や販売数の減少になって表れる。したがって企業は、従来の製品やサービスだけで満足せず、常に新しいものを提供していかなければならない。

「イノベーション」の意味は、顧客の新しい欲求に応え、満足を与える製品やサービスを創造し、一歩抜きんでた制度や仕組みをつくり出すことである。「より大きな新しい富を生み出す能力を獲得するための新しい挑戦」と言いかえてもよい。新市場を開拓するだけではない。イノベーションの価値は、単なる改良よりはるかに高くなる場合もある。イノベーションとは「自分たちの事業は何であるべきか」の理念を、具体的な行動に移すためのものなのだ。

企業や組織には、絶えず自らを社会の動きに適合させるための「マネジメント」が不可欠で、その二大要素が「マーケティング」と「イノベーション」なのである。

「陳腐化」したものは「廃棄」する

イノベーションを成功に導くためには、一定の基準に沿って、そして一定のルールに則って行うことが重要である。これを体系化するマネジメントが不可欠だ。

つまり、「我々の事業とは何か？」を常に問い続ける姿勢である。いくら成功したものでも、いつかは必ずあきられる。それを「陳腐化」と呼ぶが、時代の流れや環境の変化に応じて、事業の目的や戦略、業務のあり方を変化させていかなければならない。

たとえば、現在の事業をまったく別の事業に変えて、新たなチャンスをとらえる戦略も重要になる。これに挑戦しない企業は、必ずや市場から撤退せざるを得なくなる。

したがって、**企業や組織は、新しいことにチャレンジするとともに、「陳腐化」したものを「廃棄」する必要がある。**使命が終わった製品やサービス、顧客満足が達成できなくなったもの、業績に貢献できなくなったものは、速やかに廃棄する必要があるのだ。

「イノベーション」は、新しい価値を生み出すための活動

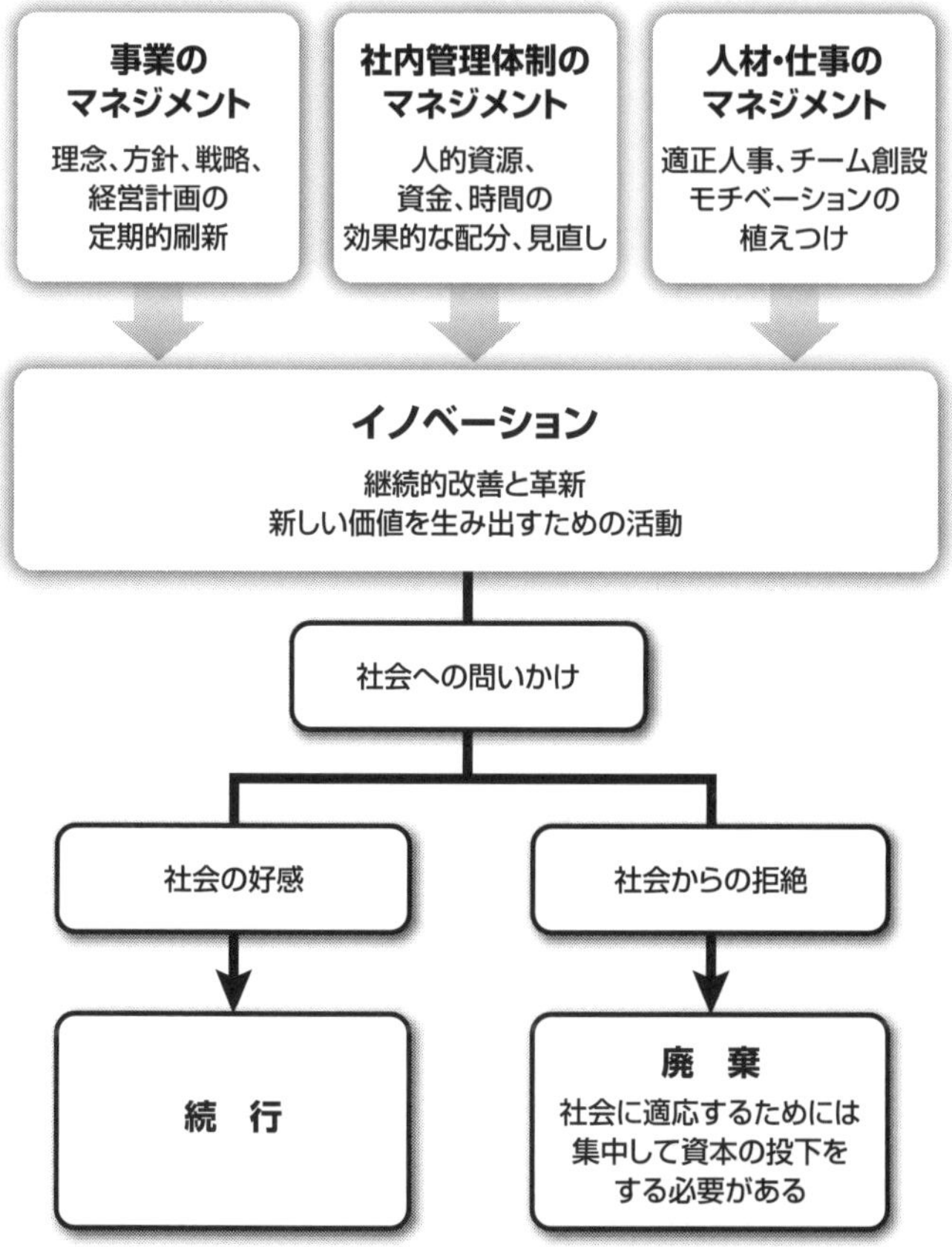
事業のマネジメント
理念、方針、戦略、経営計画の定期的刷新
社内管理体制のマネジメント
人的資源、資金、時間の効果的な配分、見直し
人材・仕事のマネジメント
適正人事、チーム創設
モチベーションの植えつけ
イノベーション
継続的改善と革新
新しい価値を生み出すための活動
社会への問いかけ
社会の好感
社会からの拒絶
続行
廃棄
社会に適応するためには集中して資本の投下をする必要がある

Keyword

企業が自らを社会の動きに適合させるためには、「マーケティング」と「イノベーション」が不可欠。

3

ドラッカーが考える組織の使命と目的

マネジメントには、自らの組織をして機能させ、社会に貢献させるうえでの３つの役割がある。

第一に企業、病院、大学のいずれであれ、自らの組織に特有の目的と使命を果たすこと。

第二に、仕事を生産的なものにして、働く人たちに成果をあげさせること。

第三に、自らが社会に与える影響を処理するとともに、社会の問題に対して貢献することである。

『「マネジメント」エッセンシャル版』より

マネジメントによる3つの役割

企業が「社会や個人のニーズを満たす」ために考えるべき、マネジメントの役割がある。

①組織特有の使命、目的を果たすこと。具体的にいえば経済的成果である。企業は、ヒト（人的資源）、モノ（物的資源）、カネ（資金）、時間（研究開発、生産、流通にかかる時間）を管理し、生産性を高める努力を怠ってはいけない。

②企業で働く人材を生かすこと。人的資源としての成果。ドラッカーは「最大の経営資源は人である」と唱える。企業は生計の糧を得るだけでなく、自己実現と生き甲斐《がい》をもたらす場でもある。「働く人の能力を生かす」という考え方で従業員のモチベーションを高めれば、生産性が向上していく。

③社会的責任を果たすこと。社会貢献という成果。利益や株主配当以上に、社会に与える影響を考え、よりよい財とサービスを提供する。現代は「コンプライアンス」が叫ばれつつある時代。「社会的貢献」を考えない企業は滅亡していかざるを得ない。

マネジメントの目標を設定する

さらに組織は、こうした責任を果たす企業組織構築のために、「事業の目的は何か？」と「何になるべきか？」を定義する必要がある。すると、６つの具体的目標が明らかになってくる。

①**マーケティングの目標。**顧客を創造するための明確なマーケティングの目標を打ち立てること。

②**イノベーションの目標。**組織は絶えずイノベーションしていかないと、すぐに陳腐化していく。

③**生産の３要素に対する目標。**企業の生産活動に必要な資本（資金）、人的資源（労働力）、物的資源（土地や建物、設備など）の開発、利用、補給に関する目標を樹立させる。

④**生産性の目標。**企業はこれらの資源を使って生産し、生産性を向上させなければならない。

⑤**社会的責任に対する目標。**経営陣だけでなく社員全員が、「どんな社会的責任を、いかにして果たすか」の目標を持つ。

⑥**利益目標。**利益がなければ企業活動は立ちゆかない。どんな活動にもコストは不可欠だからだ。

マネジメントの「6つの目標」

①マーケティングの目標

- 顧客を創造すること。そのために何をすべきか
- 既存製品の見直し・廃棄、新製品の開発、新市場の開拓
- 流通チャンネルの整備、アフターサービス、市場での信用獲得

②イノベーションの目標

- マーケティングの目標達成に不可欠なイノベーションとは?
- 将来の変化を見据えた施策を講じる

③生産の3要素に対する目標

- 経営資源の適正配分を常に検討していく
- 資本：資金の運用、調達
- 労働力：マネジャーの育成、従業員のモチベーション
- 物的資源：原材料の調達、店舗の整備、流通チャンネル

④生産性の目標

- 上記の3つを活用するための方策の策定
- 経営資源それぞれのバランスの検討など

⑤社会的責任に対する目標

- どんな社会的責任を、どのように果たすか?
- 社会的責任を「事業機会」としてとらえる

⑥利益目標

- 将来の不確定さを補う要素として利益を留保
- 景気変動、災害などのリスクに対する備え
- 社内のよりよい労働環境を整備するための原資
- 社会に対する貢献やサービスを果たすための原資

Keyword

社会に与える影響を考え、よりよい財とサービスを提供できない企業は滅亡していかざるを得ない。

4

「目標マネジメント」が勝敗を決める

企業が業績をあげるうえで必要とする３種類の経営資源それぞれについても、目標が必要である。それは経営資源の獲得にかかわる目標である。経済活動には３つの資源が必要である。土地つまり物的資源、労働つまり人材、資本つまり明日のための資金である。これら３つの経営資源を確保しなければならない。

とくに良質の人材と資金を引き寄せることができなければ、企業は永続できない。産業全体として見ても、その衰退の最初の兆候は、有能でやる気のある人間に訴えるものを失うことである。

『「マネジメント」エッセンシャル版』より

経営資源の目標設定をどう考えるか

ではここで、前項の「目標」について説明しておこう。目標がなぜ大切なのかといえば、**目標は使命を実現させるための「公約」であり、成果を正しく評価するための基準になる**からだ。

また、人は目標を立てることによって、それに向けての行動指針を模索し、成果をあげるべく努力する。つまり、仕事の成果に対する基準や動機づけにもなる。

そして、目標があれば、資源と行動を集中させることが容易になり、人、物、金を集中させるための戦略構築が可能になる。**目標とは、「事業の基本戦略を設定する基礎」**と言いかえてもよい。

目標設定には前項の6項目があるが、ここでは「経営資源の目標」について説明しておこう。これは、企業の力を持続させ、企業が生産活動をしていく基礎となる要素である。資金（カネ）、労働力という人的資源と商標や特許などの知的財産（ヒト）、土地や建物などの物的資源（モノ）という生産の3要素で、企業はこれらの経営資源を活用し、生産に利用する。

人的資源と資金の入手には、とくに「目標」が重要になる。必要な人材を確保するためには、「わが社の事業をどう展開していくべきか」の考え方が不可欠であり、外部から必要な資金を調達するにも、「わが社への資金の投入は魅力的ですよ」とアピールしていかなければならないからである。

目標マネジメントとは？

じつは、企業が入手できる経営資源に大差がない場合でも、企業間競争で勝者と敗者が分かれるのは、この「目標マネジメント」の差にある。たとえば、生産の要因には「製造・販売のノウハウ」「商品ラインアップ」「製造プロセスの適否」などがあるが、そのうえで「組織活動の適正さ」も重要な要因になる。これらは生産性をあげる要因になるのと同時に、生産性を阻害する要因にもなるという二面性を持つ。

するとそこで、「目標が正しいかどうか」を判断するマネジメントが必要になる。仮に労働の生産性が低下していたとしても、労働現場にだけに原因があるとはかぎらず、他の経営資源の低下が影響している可能性も否定できないからだ。

これらを総合的に判断し、そのうえで経営資源の目標設定をしなければ、生産、出荷、販売などに関する事業の方向性が見出せず、事業のコントロールは不可能になってしまう。

「目標」は、企業の力を測るスケール

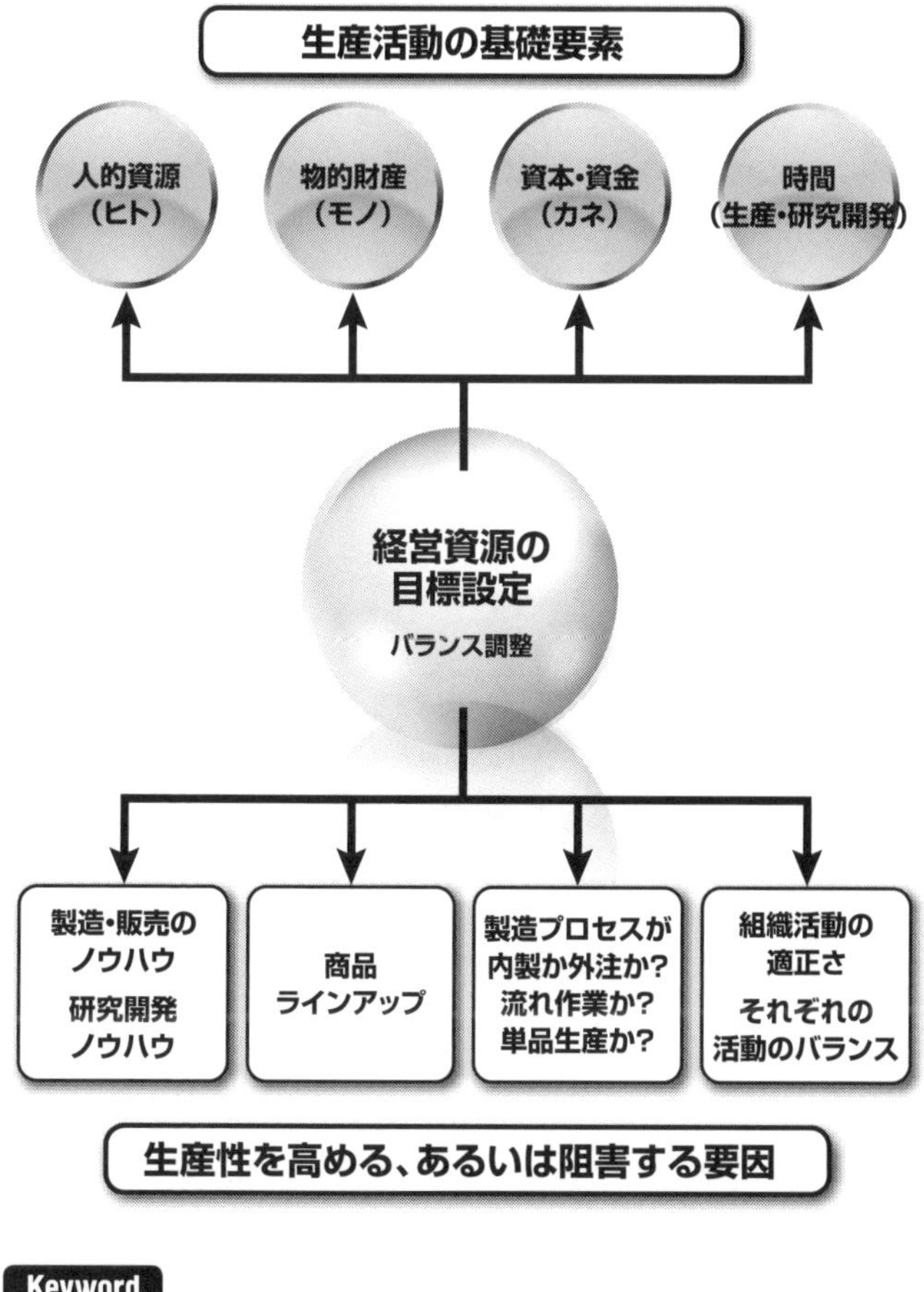
生産活動の基礎要素
人的資源（ヒト）
物的財産（モノ）
資本・資金（カネ）
時間（生産・研究開発）
経営資源の目標設定
バランス調整
製造・販売のノウハウ
研究開発ノウハウ
商品ラインアップ
製造プロセスが内製か外注か？流れ作業か？単品生産か？
組織活動の適正さ
それぞれの活動のバランス
生産性を高める、あるいは阻害する要因

Keyword

目標マネジメントは、ヒト、モノ、カネを集中させるための「事業の基本戦略を設定する基礎」である。

5

人は「命令と服従」では動かない

従業員は、仕事上のパートナーとしてマネジメントしなければならない。パートナーシップの本質は対等性にある。命令と服従の関係ではない。パートナーに対しては理解を求めなければならない。

したがって、とくにこれからは、人をマネジメントすることは、仕事をマネジメントすることを意味するようになる。マーケティングの出発点は、組織が何を望むかではない。相手が何を望むか、相手にとっての価値は何か、目的は何か、成果は何かである。

『明日を支配するもの』より

マネジメントの本質は、人間に関する哲学の構築

マネジメントの目標として、「企業で働く人材を生かすこと」も重要な要素である。**マネジメントとは、人間が協働して成果をあげることを意味する**からだ。

ドラッカーは「仕事を人に合わせよ」という。人間は誰もが、それぞれの能力と個性を持っている。**一人ひとりを独自の個性、能力、行動様式を持つ存在としてとらえ、それに応じた仕事の流れを組み立てよ、**と主張するのだ。従来型企業がとってきた「命令と服従」の論理の対極である。従業員が心から納得して働かなければ、真の生産性向上は望みにくい。とすると、組織を改善し、個々人の立場を尊重することが、協働して成果をあげる近道ということになる。

そこで企業は、さまざまな個性を持つ人材が結集できるような明確な旗印を掲げなければならない。ドラッカーはそれを「目標」と定義する。目標は、たとえば経営理念やスローガンのように、従業員みんなが納得し、共有できる単純明快なものでなければならない。

人間の価値観は個々人それぞれである。それを共通の理念に沿わせるためにはどうすればよいのか。それは、企業が個々人に対して、求めるべき成果を明確にすること。それが実現されたとき、個人の生活が豊かになるだけでなく、どれほど人生が有意義なものになるかを訴え続

けていくことだ。そうした「共有化」のマネジメントが重要なのである。

つまり、マネジメントのもう1つの側面は「人間に関する哲学をどう構築するか」にある。従業員個々人の能力を見出し、特性に合わせて配置する人事体制であれば、従業員は自己実現と生き甲斐を見出すことができる。その結果、それぞれが創意工夫に励むようになり、生産性が大きく向上していくのである。このように、個人の個性を発見し、それに適した仕事の流れを組み立てるのが、マネジメントの役割なのだ。

「目標マネジメント」は、企業と従業員を成長させることが目的だ。企業は成果を得るための場であるが、同時に学習と教育の場でもある。したがって、個人が責任と目的を理解するだけでなく、職場の各部署に教え、学び合う訓練と啓発のシステムがなければならない。

このように、お互いが協力し合う雰囲気が生まれ、協働意識がみなぎり、全体の能力アップを目標とする組織を形成することも、マネジメントの重要な役割になる。

個人の責任の自覚や、周囲との意思の疎通は、お互いがそれぞれの立場を理解し、尊重することから生まれる。個人は自分の目標に対して周囲に理解を求めるのだが、同時に、自らも他の人の恩恵をこうむっていることを知れば、そこで相互理解が進み、協働の意識が生まれる。それもマネジメントの重要な役割になるのだ。

従業員を成長させるためのマネジメント

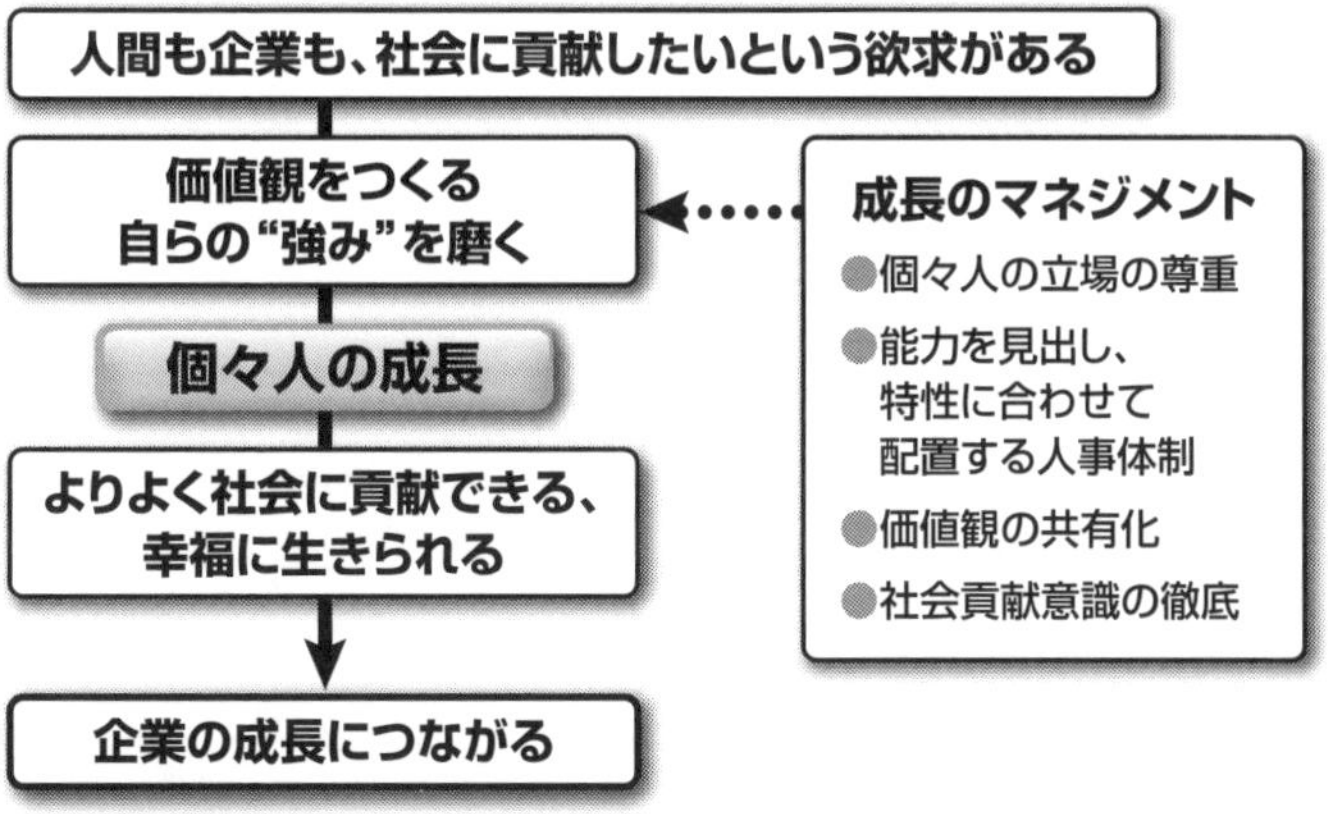
人間も企業も、社会に貢献したいという欲求がある
価値観をつくる
自らの“強み”を磨く
個々人の成長
よりよく社会に貢献できる、
幸福に生きられる
企業の成長につながる
成長のマネジメント
●個々人の立場の尊重
●能力を見出し、
特性に合わせて
配置する人事体制
●価値観の共有化
●社会貢献意識の徹底

Keyword

個人の個性を発見し、それに適した仕事の流れを組み立てるのが、マネジメントの役割。

また、**社会的責任への目標も重要**だ。人間は組織の中にいると、自分たちの組織が独立して存在しているものと錯覚し、自らの内部の論理だけを優先したがる。これが高じると、厳しい消費者運動にさらされたり、環境破壊のそしりを受けることになりかねない。

ここで、社会性にかかわる目標をマネジメントする必要が生じてくる。そうした身近な部分で社会性への目標を設定できないようでは、いくら壮大な目標を掲げても、それは絵に描いた餅に終わってしまうからである。

6

成長のために「捨てること」を見極める

組織というものは、問題ではなく機会に目を向けることによって、その精神を高く維持することができる。組織は機会にエネルギーを集中するとき、興奮、挑戦、満足感に満ちる。

問題は無視できない。だが、問題中心の組織は守りの組織である。それはいつになっても、昨日を黄金時代と考える組織である。それは、悪くさえならなければ成果をあげていると考える組織である。

『「マネジメント」エッセンシャル版』より

ドラスティックに「何を捨てるか」を決める

企業は成長を目標にする。しかしドラッカーは、「成長は望んで実現するものではない」と語る。企業は無節操に「規模」の大きさを追求するのではなく、**「いま手にしている資源を生かして、市場や技術に見合った最高の成果を生み出す規模」を模索するべき**だというのである。つまり「機会」に目を向けよということだ。

確かに、一見、成長しているように見えても、市場で限界的な存在になってしまった企業は〝不適切な規模〟に陥っている。規模の大小にかかわらず、収益の向上が見込めなくなる。しかし、単にその「問題」の原因を探るだけでは、真の解決にはならない。

そこで重要になるのが、「今後、成長の機会があるかどうか」に目を向けること。そして「限界的な存在に落ち込まないためにどれだけ改善すればよいか」を真摯《しんし》に検討することである。

成長の機会が失われたと判断したら、思い切って「廃棄」する。自社の製品やサービスの中で競争に負けたもの、時代遅れで陳腐化したもの、生産性が低下したものを捨てる仕組みをつくること、これが廃棄である。

企業は、次なる成長に備えて自由に資源を投下できるようにしておかなければならない。もはや成果を期待できないものや、急速に見返りが失われつつある製品やサービスなどは、市場から引き上げ、資源に余力を生んでいかなければならない。したがって**成長のためには、常に「何を捨てるか」を判断し、実行できる仕組みをつくっておく必要がある。**

機会に的を絞り、期待できる分野に集中する

これは「集中」という言葉でも表現できる。**成長を願うなら、自らの強みが発揮できそうな機会に的を絞り、大きな成果を生み出せる分野に集中しなければならない**のだ。

しかし困ったことに、多くの企業は「あらゆる分野で成長したい」と考えて、大きな間違いを犯してしまうのである。

「量」の増大が成長ではない。「質」こそが重要なのである。量の増大が成長といえるのは、資金や資源、人材の生産性が高まり、それが生産性向上につながる場合だけである。生産性向上をもたらさない量的増大は、単なる〝脂肪太り〟にすぎない。

資源を投下したものの、いつまで経っても生産性向上が見られないものからは、後々の負担にならないよう、速やかに撤退しなければならない。

「市場に見合った最高の成果」を目標にする

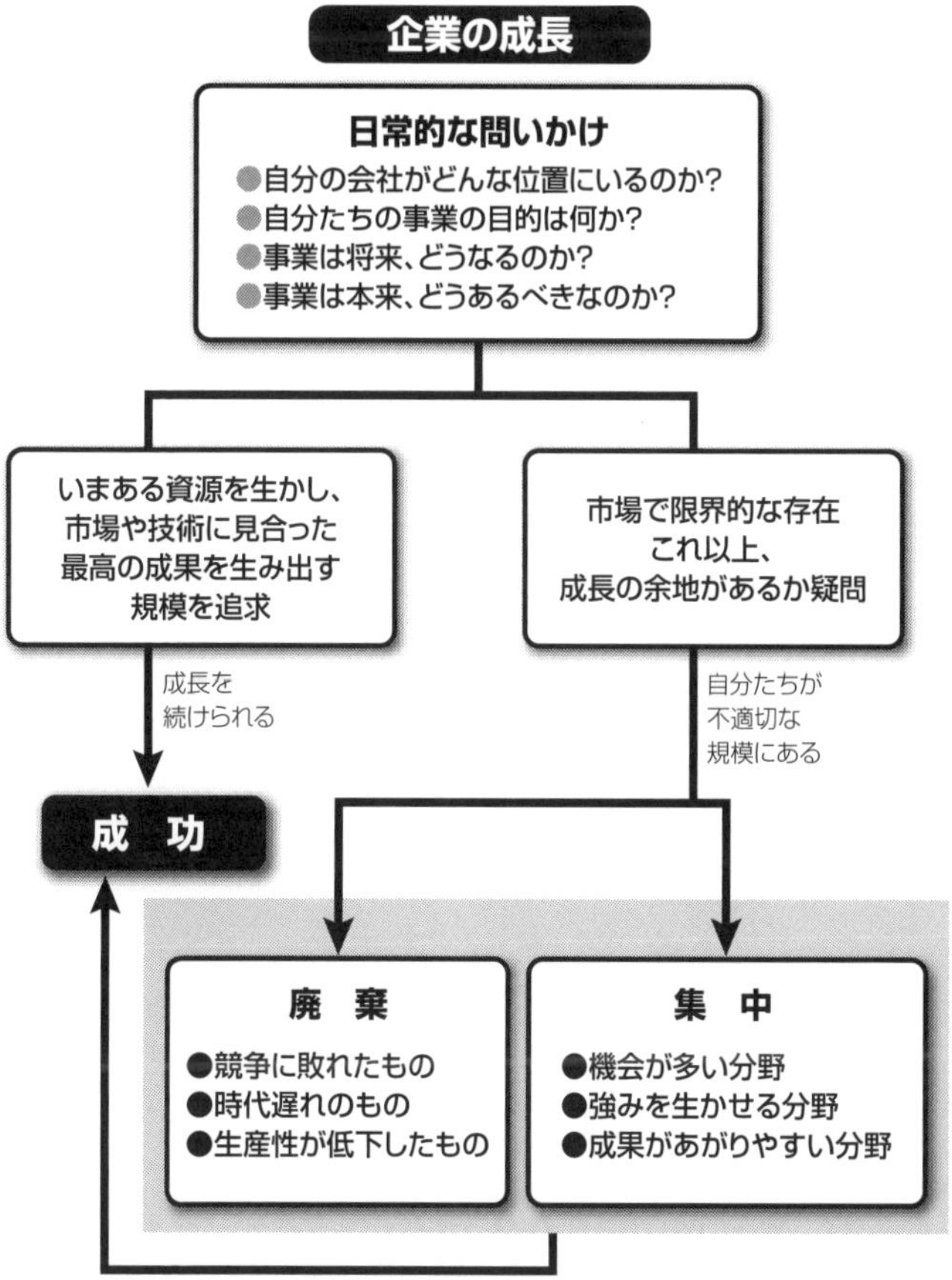
企業の成長
日常的な問いかけ
●自分の会社がどんな位置にいるのか?
●自分たちの事業の目的は何か?
●事業は将来、どうなるのか?
●事業は本来、どうあるべきなのか?
いまある資源を生かし、市場や技術に見合った最高の成果を生み出す規模を追求
市場で限界的な存在
これ以上、成長の余地があるか疑問
成長を続けられる
自分たちが不適切な規模にある
成 功
廃 棄
●競争に敗れたもの
●時代遅れのもの
●生産性が低下したもの
集 中
●機会が多い分野
●強みを生かせる分野
●成果があがりやすい分野

Keyword

成長のために、常に「何を捨てるか」を判断し、実行できる仕組みをつくる。

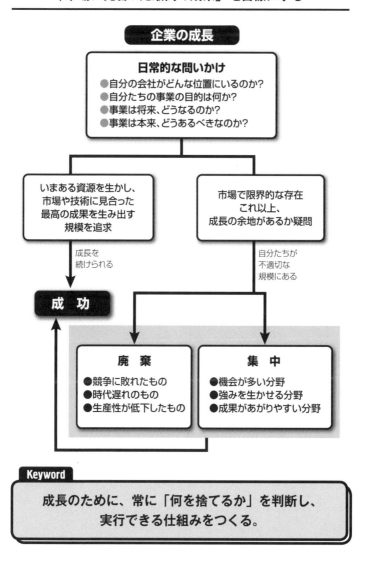

7

業績悪化をもたらす「5つの大罪」

明日は必ず来る。そして、明日は今日とは違う。今日最強の企業といえども、未来に対する働きかけを行っていなければ苦境に陥る。個性を失いリーダーシップを失う。残るものといえば、大企業に特有の膨大な間接費だけである。

『創造する経営者』

企業の存続には社会の許しが必要

圧倒的なシェアを誇ってきた企業が、あっという間に業績不振に陥るケースは多い。それは、「5つの大罪」を犯したからだと、ドラッカーは語る。企業は、社会や経済活動の〝許し〟があってこそ存在できる。社会に役立つと認められるからこそ、生存を許されているにすぎない。

大罪の**第一は、利益幅と創業者利益を過信すること。**たとえばゼロックスはコピー機を開発するや、次々と機能を追加し、最大の利益幅を生むように価格を設定した。だがキヤノンは単純な機能で十分とし、市場はそれを受け入れた。結果、ゼロックスは倒産寸前に追い込まれた。

第二は、市場が容認する限度一杯に価格を設定すること。ファクスを開発したアメリカ企業は限度ぎりぎりの価格設定をした。対抗する日本企業は、市場が成熟したらどこまで価格が下げられるかを検討し、安い価格で攻勢をかけ、アメリカ市場を手に入れていった。

市場をリードしようとするな、市場がよろこぶことをしろ

第三は、コストを中心にして価格を決めてしまうこと。企業の多くは、コストを積み上げ、

それに価格を乗せて販売価格を設定する。「コストを回収しなければ利益は出ない」という常識的な発想にとらわれているからだ。しかし、顧客はメーカーの利益などは考えていない。単純に、自分が欲しいかどうかで、その製品を買うのである。

価格設定の唯一の方法は、市場が快く支払ってくれる価格、そして競争相手がつけると思われる価格をスタートラインとし、それに合わせて製品を設計することだ。つまり、価格を中心にしてコストを設定するべきなのである。

第四は、昨日の栄光にとらわれて、明日のチャンスを逃してしまうこと。アップルが70年代半ばにパソコンを市場に導入したとき、コンピューター業界の巨人IBMは、追いつくチャンスがあったのに、「コンピューターの主流は大型にある」という過去の栄光にとらわれてパソコン事業を過小評価し、せっかくのパソコン市場で主導権を握るチャンスを生かせなかった。

第五は、問題を重視するあまり、次なる機会に資源を投入しないこと。たとえば、実績のある人材を業績が悪化してきた既存事業や旧来の技術に振り向けるようなことがある。

それに比べ、GEは、たとえば半導体事業のように、当時、利益をあげていた事業でも、トップになる見込みがないと判断して撤退し、よりチャンスが多い分野に資源を投入した。攻撃的に行動するこの姿勢が、同社成長の源泉になっていた。

業績悪化をもたらす「5つの大罪」

❶利益幅と創業者利益の過信

▼

- 市場を考えず、最大の利益幅を生むように価格を設定
- より低価格で勝負するライバルが出現
- 市場に見放されて業績低迷

❷市場が受け入れる限度ぎりぎりの価格設定

▼

"いま"しか見られないので、市場に我慢を強いることになる

対策

- 将来の利益を視野に入れて価格を見直す
- 社内資源、経営戦略を再検討

❸コストを中心にして価格を決めてしまうこと

▼

コストを積み上げて価格を決める

対策

- 市場が「快適」と思う価格をつける
- まず価格を設定して、それにコストを合わせる

❹過去の栄光にとらわれ、明日のチャンスを逃す

▼

成功の経験法則が忘れられず、いまの成功が永遠に続くと錯覚

対策

- いま自分がやっていることは正しいかを常に問いかける
- 明日のチャンスがどこにあるかを常に考える

❺次のチャンスに資源を投入しない

▼

人材、資源を旧来事業に集中させない

対策

- トップになる見込みのない事業からは撤退する
- 人材を有望分野に集中投入する

Keyword

企業は社会に役立つと認められるからこそ、生存を許されているにすぎない。

8

企業の生き残りを阻《はば》む「5つの当然」

ほとんどあらゆる組織にとって、最も重要な情報は、顧客ではなくノンカスタマー（非顧客もしくは顧客予備軍）についてのものである。まず変化が起きるのは、ノンカスタマーの世界からである。

『ネクスト・ソサエティ』より

5つの「当然」を捨てろ

これまで企業には、「5つの当然」が存在していたと、ドラッカーは語る。

①企業が主で社員は従の存在でしかないという「当然」。企業は生産手段の主役であり、社員はそこに属し、そこで労働をして賃金という対価を得るという考え方だ。

②社員はフルタイムで働くのが「当然」。そこからの収入を生活の基本にし、他の仕事に手を染めるべきではないという決めつけ。

③必要な情報はすべて経営陣の傘下に集中するのが「当然」。だからこそ効率的なマネジメントができるという思考。

④市場ではメーカーが主導権を持つという「当然」。製品やサービスの情報は供給側にあり、消費者側はそれを信頼するはずで、選んでくれないとしたら、それは消費者が悪いという驕《おご》り。

⑤あらゆる技術、産業はそれぞれ特有の技術を持つという「当然」。業界の棲《す》み分けが厳として存在するという旧時代の思考。

ところが現在、これらの「当然」は、ことごとく当てはまらなくなっている。

「知識」こそが最大の「資本」

第一に、現代では生産手段の主役は「知識」になり、それが最大の「資本」になっている。しかも、知識は個々人の知識労働者が所有し、自由に持ち運ぶことができる。

第二に、労働者はまだ半数以上がフルタイムで働いているものの、パートや契約社員、臨時職員、派遣という名のアウトソーシングの人員が占める比重は増えている。

第三は、情報が高度化し、専門化したため、経営陣に全情報を集中させるのは不可能になった。しかも、情報をすべて内部で維持するにはコストが膨大だし、コミュニケーションソフトが驚くほど安価なため、必要に応じて情報を獲得するほうがベターという風潮が生まれた。

第四に、今日ではむしろ、情報は企業より顧客のほうが握る。インターネットはもちろん、口コミネットワークの多彩さは企業が真似できない。たとえば、企業がいくら不祥事を隠そうとしても、どこからか漏れてネットを通じて広がっていく。この対処を誤ると、企業の信用は一夜にして吹き飛ぶ。現代では情報を握る者が力を持ち、主導権は完全に買い手に移っている。

第五に、現代ではあらゆる産業、企業から、独自の技術が消えてしまった。その好例がＩＴに不可欠な光ファイバー。これは電話会社ではなく、ガラスメーカーが開発したものである。

「5つの当然」を克服しないと、企業は生き残れない

古い時代の5つの当然		これからは……？
❶ 企業が主役で、社員はそこに属する	▶	肉体労働が主役の時代は終わり、知識が生産手段の主役になる
❷ 社員はフルタイムで働き、そこからの収入で生活する	▶	アウトソーシングによる人材が増えていき、働き方が多様化
❸ 情報はすべて経営陣に集まる	▶	情報が多様化し、経営陣に情報を集中させるのが困難になった
❹ 市場ではメーカーが主導権を持つ	▶	情報は顧客のほうが握っている。買うか、買わないかを決めるのは顧客
❺ 技術はそれぞれの産業に属する	▶	業態の垣根《かきね》がなくなった。いまは各業界の相互交流なしに新技術開発は立ち行かない

Keyword

旧時代の思考である「5つの当然」を
捨てなければ企業は生き残れない。

9

会社の現状をチェックする「4つの基準」

　既存の企業は既存の事業をマネジメントする方法を知っているが、起業家になるための方法、イノベーションを行うための方法を知らない。
　既存の企業、とりわけ大企業は、起業家としての能力を身につけないかぎり、急激な変化とイノベーションの時代を生き抜くことはできない。企業は変化していかなければならない。何ごとがあろうとも大きく変化していかなければならない。（中略）それは起業家として成功するための方法を学ぶことによって、はじめて可能になる。

『テクノロジストの条件』より

「明日」につながる価値を〝現在の目〟で評価する

経営の質は業績によって評価される。しかし「いまの業績」とは過去の事業の成果でしかない。いま現在の成果ではないし、明日につながるともいえない。

たとえばかつて『ハーバードビジネスレビュー』誌は、「バランススコアカード」という視点で、業績評価指標として「学習と成長」「業務プロセス」「顧客」「財務」という4つの指標をあげた。「財務」は、あくまで他の3つの過去の企業活動の結果であるという考え方だ。今日の経営の成果が表れるのは明日だということを企業は肝に銘じる必要がある。

ただし明日につなげるためには、今日の経営を評価しておかねばならない。それは、次の4つの分野をチェックすることで可能になる。

第一は「投資を決定すること」。多くの場合、投資の決定には時間をかけるが、ひとたび決定されると、その後のことにはあまり注意を払わない。しかし「投資の見込みと結果の対比」は経営パフォーマンスの実績測定への有効な方法だ。この場合、投資が直接もたらす収益だけでなく、会社全体の収益への影響についても、見込みと実際の数字を対比させる必要がある。

第二は「人事の結果を期待と比べること」。企業人は誰も、人材の育成と配置が組織の将来を決定するということには異論がないはずだが、現実に効果的な人材育成と配置に関しては、曖昧な要素が大きいのも事実である。

じつは人事に卓越した経営者ほど、「人事の法則」を信じていないものである。「人を正しく評価することによって正しい人事ができる」などとは考えていないからだ。むしろ、人間への評価よりも、自らが下した人事の結果を気にかける。そして万が一、抜擢や昇進に失敗があっても、その責任を当人の責任にはせず、それ以上に、なぜその人事が行われたのかを冷静に分析する。そして自己の誤りを正当に見つめれば、次の人事で失敗する確率は格段に低くなる。

第三が「イノベーションの成果を期待と比べること」。たとえば研究開発、新事業、新製品がどんな成果をもたらすか、その結果はどうなるかを検討することである。「研究開発の成果など予測不可能だ」という意見もあるが、普段からイノベーションを遂行していれば、それは測定可能になる。じつは優秀で成功する企業は、イノベーションに対する当初の期待と成果を体系的に分析・評価しており、また常に改善している。

その結果、自社の「強み」をよく知ることができる。「目論見」でイノベーションを管理する企業は失敗する。成功する企業はイノベーションの成果をきちんと管理しているのだ。

第四は「計画の結果を期待と比べること」である。予測したことは実際に起こったのか、そ

会社の現状を判断する「4つの基準」

①投資の決定
- 投資が直接もたらす収益測定
- 会社全体の収益への影響
- 以上に関する見込みと実際の数字を対比

②人事の結果を期待と比較
- 期待以下だった場合、人に対する評価より、その決定プロセスを再考する

③イノベーションの期待と成果を比べる
- 研究開発、新規事業、新製品がどんな成果をもたらすか、その予想と成果を体系的に分析・評価

④計画の結果を期待と比較する
- 計画で予測したことは現実になったのか
- 設定した目標は正しかったのか？

Keyword

「いまの業績」とは過去の事業の成果。明日につなげるためには、今日の経営を評価せねばならない。

れらは重要だったのか、設定した目標は、会社や市場、経済、社会の動きに照らして正しいものだったか、目標が真に達成できたのか……などについて評価するのである。

計画とは、いまある貴重な資源を、明日のために使うためのプロセスのこと。したがって、計画立案の前提には「どうすれば明日をつくれるか？」の思想がなければならない。

成功する企業は、どんな場合にヒットを出せたか、どんなときに失敗してきたかをよく知っている。それは自分にはどんな強みがあって、どこを直せばいいのかを知っているからである。

COLUMN 1

「マネジメント」の誕生 世界中の経営を変えた1本の電話

いまや世界中の企業人の必須アイテムとなった「マネジメント」。誕生のきっかけは1本の電話だった。1943年の秋、ドラッカーのもとに、GMのブラウン副会長から電話が入った。このときドラッカーは「企業経営の基本」を確立するため、調査対象の企業を探していたのだが、なかなかOKを出してくれる企業がなかった。

そんなとき、前年に発表した著書『産業人の未来』に感銘したGMのブラウン副会長が、自社を研究対象にする許可をくれたのだ。GMは当時、単に巨大自動車メーカーというだけでなく、世界最強の企業組織と謳われていた。ドラッカーは、その後1年半にわたって同社を克明に調査することができ、『企業とは何か』の執筆につながり、世界中の経営哲学を変えていった。

マネジメントとは「組織が成果をあげるための“もの”」である。この文章の「もの」を、他の言葉に置き換えてみてほしい。たとえば「経営者の働き」なら、それはトップマネジメントになり、「事業戦略の策定」や「経営資源の適正配分」という役割が明確になる。「中間管理職の役割」なら、それは「人材管理」や「営業管理」などのマネジメントであるし、人材開発、ポスト、教育を当てはめれば「人と仕事」のマネジメントになる。

つまり、「いかにしたら組織が成果をあげるか」を考える基礎になり、その組織で生きる人たちが、それぞれ成果をあげて幸福になる道を探ること。それがマネジメントということになる。

第2章

変化をとらえる!
8つの原則

10

どうすれば未来を見通すことができるのか？

起業家精神という言葉は、経済の世界で生まれはしたものの、経済の領域に限定されるものではない。人間の実存にかかわる活動を除くあらゆる人間活動に適用される。

起業家は変化を当然かつ健全なものとする。彼ら自身は、それらの変化を引き起こさないかもしれない。しかし、変化を探し、変化に対応し、変化を機会として利用する。これが、起業および起業家精神の定義である。

『新訳イノベーションと起業家精神』（上）より

社会の動きを注意深く見る目

企業が物事を成功させるには基本姿勢が求められる。その姿勢があるからこそ未来を見通すことが可能となる。では、ドラッカーはどのような基本姿勢をすすめているのだろうか。ひと言でいうと**「すでに起こっている事象」を注視する姿勢**だ。遠い未来がどうなるかを見通すのはむずかしいが、社会の動きを注意深く見ていけば、いまの潮流がどこに向かっているかをつかむことはできる。

そのうえで大切なことは「自分の強み」を確認すること。**「すでに起こっている事象」を的確にとらえ、その変化に対応できる自分の〝強み〟は何かを考えていく。**その両方がわかれば、未来に適応するための方法が導き出される。

つまり「すでに起こっている事象」を知れば、今後の方策が導き出され、未来に自分を適応させていければ、「機会」をとらえられるというわけである。

では「すでに起こっている事象」とは何だろうか。

その第一は**「人口構造の変化」**である。日本でも「少子高齢化社会の到来」が叫ばれて久しいが、人口減少と社会全体の高齢化が、自社の業務にどう影響するか、どんな脅威をもたらすかを予測し、そこでどんな機会をつくり出すかを考えることが、機会創出のチャンスになる。

「産業、市場、価値観、科学技術などで、すでに起こっているものの、まだ大きな影響を社会に与えていない変化を知ること」も重要だ。変化をいち早く察知し、それが常態になるまでの時間を利用して、経営資源の配分を終えてしまうことが要求される。

「経済や社会のトレンドを抽出し、それが自社の事業にどんな影響を及ぼすかを考える」ことも重要な要素だ。

たとえば同じ生産高をあげるための変化を見ると、第二次世界大戦以後では必要な労働力や原材料、エネルギーは、生産設備、貨物輸送、長距離コミュニケーションなどの急激な発達で年率1％ずつ減少している反面、情報量は1980年以降、電話やパソコンなどの通信技術の進展と普及、科学的管理法によって、年率1％ずつ増加しているという。

これは資本と労働が生産を決める時代の終焉にほかならない。つまり、「資本中心の時代から、知識や情報中心の時代に入ったこと」を意味しているわけだ。ＩＴ企業の発展を見るまでもなく、現代のように、知的付加価値が重要となった時代には、自社の強みを生かしてどのように対応していくかが求められている。

「すでにある変化に注目せよ」

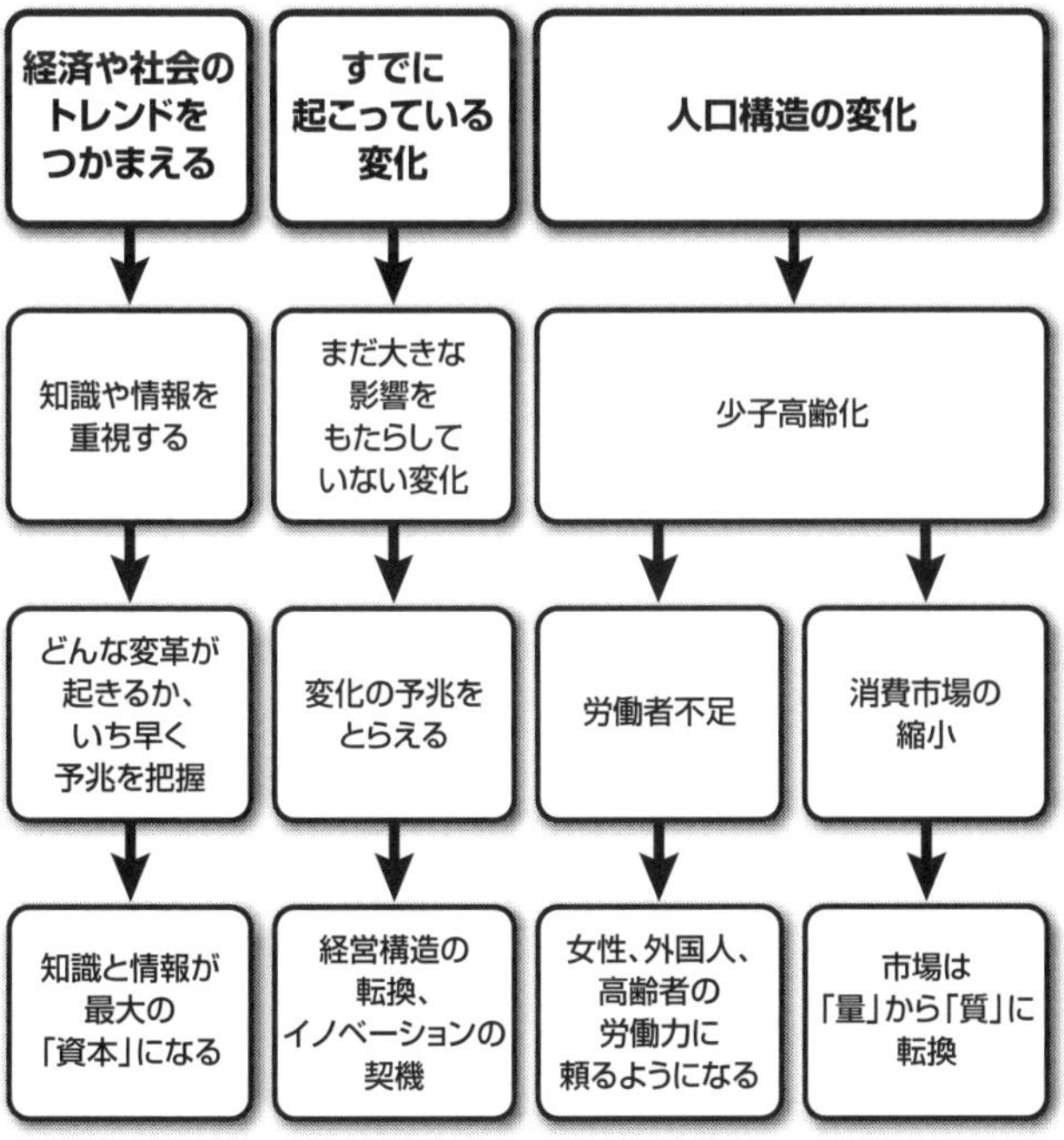
経済や社会のトレンドをつかまえる
知識や情報を重視する
どんな変革が起きるか、いち早く予兆を把握
知識と情報が最大の「資本」になる
すでに起こっている変化
まだ大きな影響をもたらしていない変化
変化の予兆をとらえる
経営構造の転換、イノベーションの契機
人口構造の変化
少子高齢化
労働者不足
女性、外国人、高齢者の労働力に頼るようになる
消費市場の縮小
市場は「量」から「質」に転換

Keyword

未来を見通すには「すでに起こっている事象」を注視して、いまの潮流がどこに向かっているかをつかむ。

11

イノベーションで変化に対応する

起業家はイノベーションを行う。イノベーションは起業家特有の道具である。イノベーションは富を創造する能力を資源に与える。それどころか、イノベーションが資源を創造するといってよい。

人間が利用の方法を見つけ、経済的な価値を与えないかぎり、何ものも資源とはなりえない。経済においては、購買力にまさる資源はない。購買力もまた、起業家のイノベーションによって創造される。既存の資源から得られる富の創出能力を増大させるのも、すべてイノベーションである。

『新訳イノベーションと起業家精神』（上）より

重要なのは「イノベーション」だ

変化に対応するために重要なキーワードは「イノベーション」＝新たな価値の創造である。これが顧客や市場に新しい経済的満足を生み出し、富を創造していく鍵になるからだ。

一例をあげれば、「割賦販売《かっぷ》」は購買力をアップさせたし、「コンテナ船」はトラックの荷物を荷台ごと貨物船に載せるという斬新な発想で、イノベーションの代表的なものとなった。

あとから成功モデルを見れば簡単そうに思えるが、実際にそこにいたるにはどうすればいいかを探究する必要があった。つまり、「なぜ、これによって不便を解消できたのか？」「よりよい成果を得るにはどんな方法があるのか？」を考え続けてきて、そうした姿勢から生まれた新しい発想がイノベーションなのである。

イノベーションは、組織をあげて執拗に「変化」を注視し続けていくことから生まれる。常に意識して変化を探すこと。その姿勢を貫けば、必ず変化を察知できる。そこがわかると、企業として、どう社会や経済などを動かすためのイノベーションを起こせば成功にたどり着くのかを、体系的に分析していくことができる。イノベーションは、自社資源の能力を引き上げ、富を創造していくための社会、経済、技術全般を巻き込む運動と考えてもよい。

イノベーションを生む「7つの機会」

こうしたイノベーションの機会は産業の内部と外部にひそんでいる。ドラッカーはそれを「7つの機会」として導き出している。特に、①~④についてはこの後の項で詳述する。

①予期せぬ成功→予期せぬ失敗、予期せぬ出来事。

②ギャップの存在→現実と「本来はこうあるべきだ」という〝常識〟とのギャップ。

③ニーズの存在→どこに、どんなニーズがあるのか。

④産業構造の変化→変化に合わせて業態・経営形態を変化させる。

一方で企業や産業の外側に起こる事象は、以下の三項目である。

⑤人口構造の変化→社会の構造が変わり、企業形態も変化を余儀なくされる。

⑥人々の認識の変化→見方、感じ方、考え方の変化。

⑦新しい知識の出現→いままでの常識がひっくり返る。

この7つは相互に重複するが、順番に意味があることに注目してほしい。確実性の大きな順に並べてあるという。

イノベーションの「7つの機会」

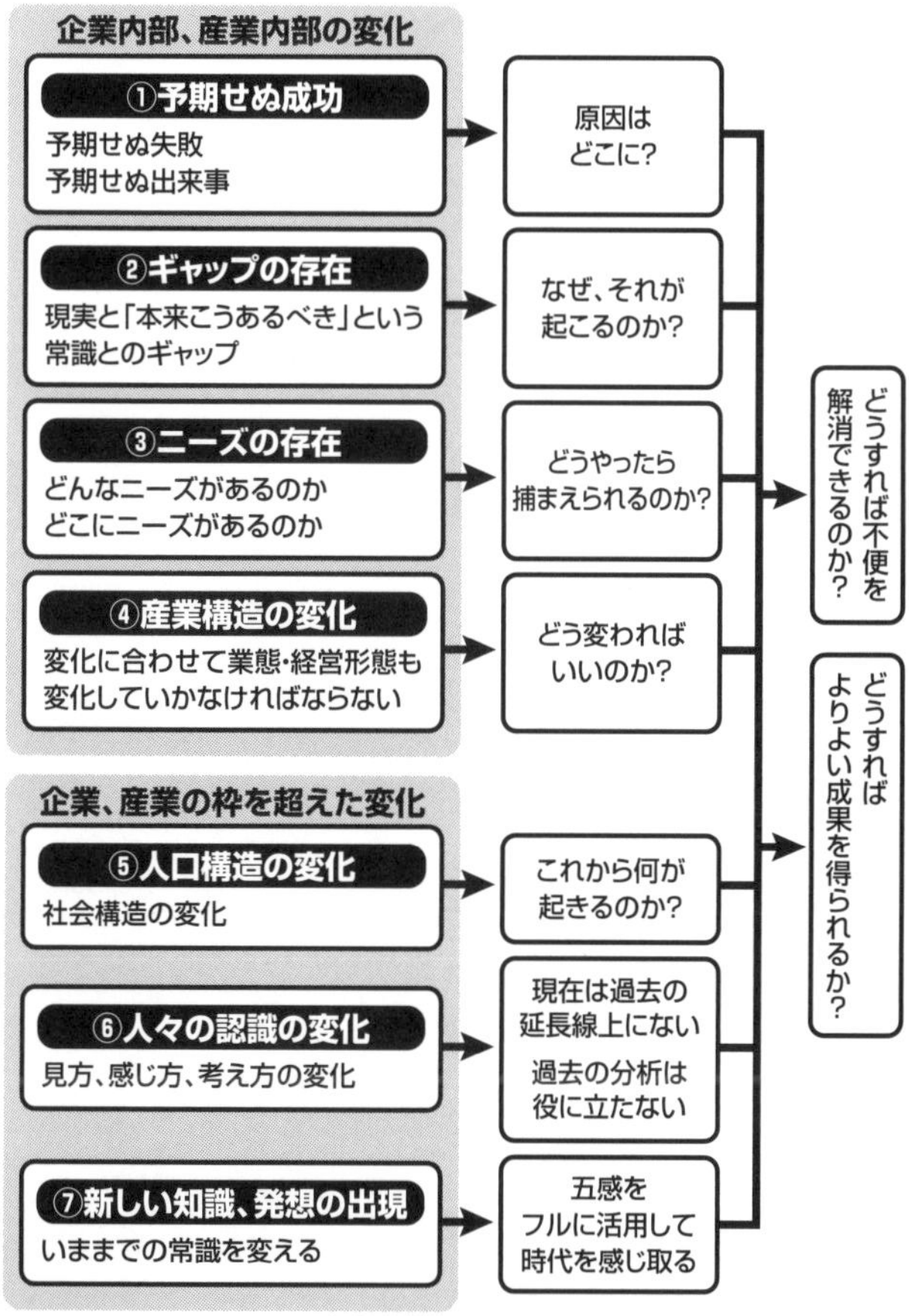

Keyword

「7つの機会」に注目し
イノベーションで変化に対応する。

12

予期せぬ成功と失敗がチャンスを生む

予期せぬ成功は、自らの事業や技術、市場の定義について、いかなる変更が必要かを自らに問うことを強いる。それらの問いに答えたとき、はじめて予期せぬ成功が、最もリスクが少なく、しかも最も成果が大きいイノベーションの機会となってくれる。

予期せぬ成功と異なり、予期せぬ失敗は、取り上げることを拒否されたり、気づかれずにいることはない。しかし、それが機会の兆候と受け取られることはほとんどない。

『新訳イノベーションと起業家精神』(上)より

予期せぬ成功を利用する

ドラッカーは**「予期せぬ成功」がイノベーションのチャンスを生む**という。ところが、多くの企業は「予期せぬ成功を生む可能性のある商品展開に気づかない」ことが多い。

ドラッカーはこんな例にあげている。Aデパートは、カジュアルファッションの売れ行きが好調にもかかわらず、ブランド中心の品揃えにこだわっていた。「高級品中心」とのイメージにしがみついていたためだ。一方、Bデパートは、カジュアルファッションの売れ行きが伸びていることに着目、この動向を機会としてとらえ、人気のカジュアルメーカーを店舗内に誘致した。この結果、A、Bデパートの集客力に大きな差がついたことはいうまでもない。

また、こんな例も紹介している。現在、その分野でトップブランドに成長したある医薬品メーカーが扱う動物用医薬品は、もともと人間用に開発したものだった。予期せぬ形で獣医たちがその薬品に注目しても、当初メーカーはよろこぶどころか、売ることさえ拒否したそうだ。

最近の日本では、当初は食器販売を目的として料理教室を開催したら、SNSなどを通じていつの間にか人気を呼び、いまでは料理教室そのものが本業になってしまった例もある。

最近の日本では「一人カラオケ」の成功もその一例かもしれない。「カラオケは大勢で楽しく騒ぐもの」という従来の常識にとらわれず、「一人だけで歌いに来る客が多い」現実に目をつけた店側が「一人カラオケ」を打ち出した。するとまたたく間に人気を呼んだ。いずれも、時代の流れを見通し、自社の強みをその流れに適応させていったゆえの成功例である。

予期せぬ失敗にもチャンスの芽がある

チャンスの芽は「予期せぬ成功」だけではない。反語のようだが、**「予期せぬ失敗」もチャンスをもたらす。**問題は、失敗の中に成功のヒントが隠されていることに気づかず、失敗そのものにこだわって機会を見逃してしまうことだ。

もちろん、自社に技術的不足や資金不足があれば、新事業展開には時期尚早ということになる。だが、資金的にも技術的にも十分で、かつ慎重に計画を練っていたのに失敗したのならば、それは「明確に起こっている変化」を察知できなかったためだ。製品やサービスの設計、あるいはマーケティングそのものが、もはや変化している現実と乖離《かいり》していた可能性がある。であれば、その失敗はリベンジの芽を持っているといってもよい。「変化」を見極めて設計し直せばよいからだ。

「予期せぬ成功・失敗」はイノベーションのチャンス

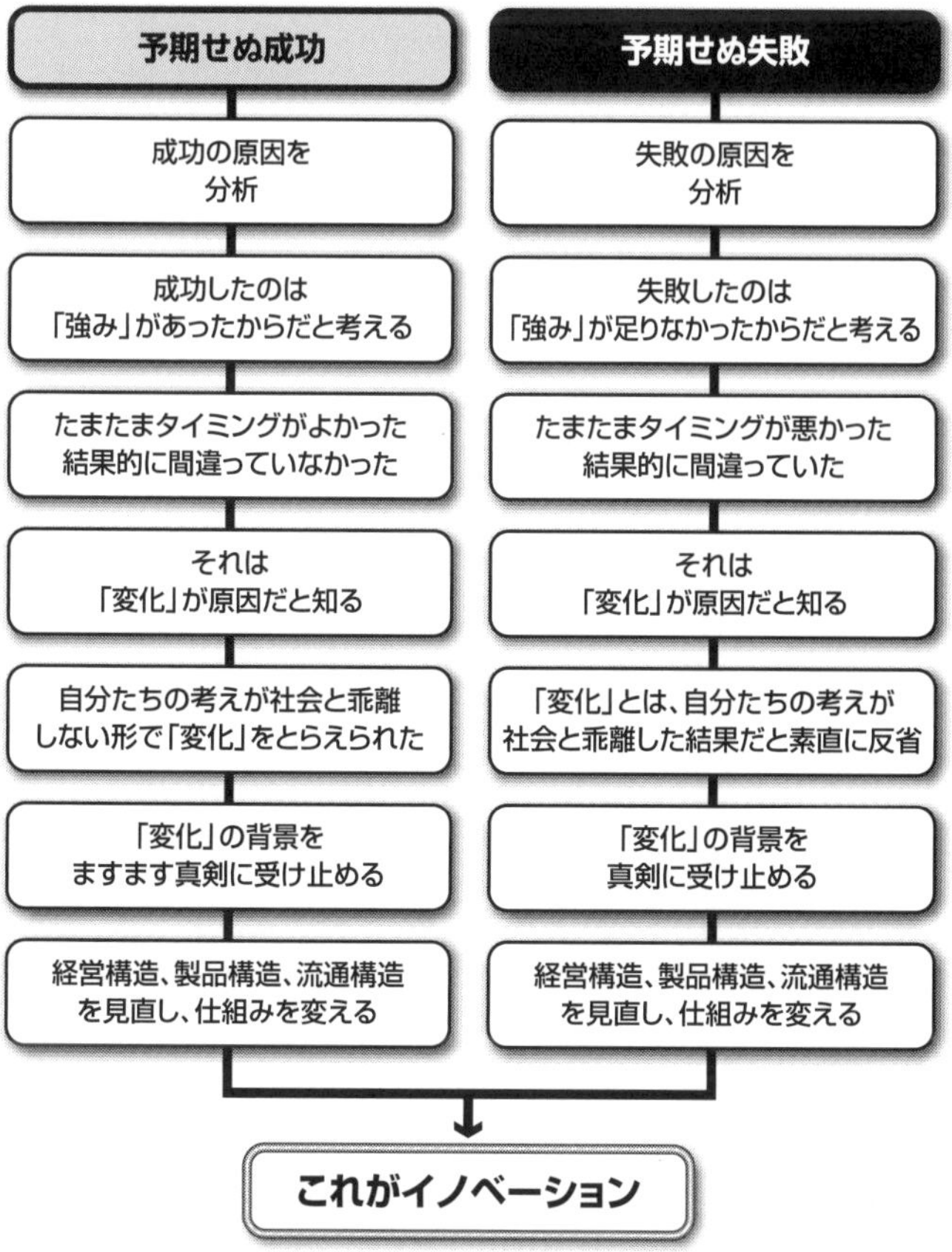
予期せぬ成功
成功の原因を分析
成功したのは「強み」があったからだと考える
たまたまタイミングがよかった
結果的に間違っていなかった
それは「変化」が原因だと知る
自分たちの考えが社会と乖離しない形で「変化」をとらえられた
「変化」の背景をますます真剣に受け止める
経営構造、製品構造、流通構造を見直し、仕組みを変える
予期せぬ失敗
失敗の原因を分析
失敗したのは「強み」が足りなかったからだと考える
たまたまタイミングが悪かった
結果的に間違っていた
それは「変化」が原因だと知る
「変化」とは、自分たちの考えが社会と乖離した結果だと素直に反省
「変化」の背景を真剣に受け止める
経営構造、製品構造、流通構造を見直し、仕組みを変える
これがイノベーション

Keyword

予期せぬ成功と失敗から
「明確に起こっている変化」を察知する。

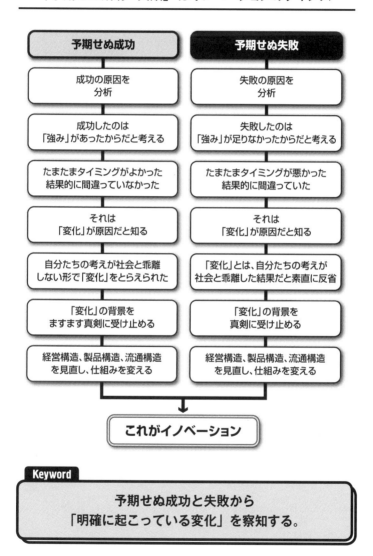

13

業績と認識のギャップがチャンスを生む

ギャップとは、現実にあるものとあるべきものとの乖離、あるいは誰もがそうあるべきものとしているものとの乖離である。原因はわからないことがある。だがそれにもかかわらず、ギャップの存在はイノベーションの機会を示す兆候である。

『新訳イノベーションと起業家精神』（上）より

「ギャップ」は変化の兆候

「ギャップ」は、1つの産業、市場、プロセスの内部に存在する。得てしてその内部にいる者は、それを〝当然のこと〟として受け止めてしまいがちで、だから見逃しやすい。だがそこにはすでに起こった事象の変化や、これから起こりうる事象の変化の兆候がにじみでている。ドラッカーはギャップを「地質学でいう断層のようなもの」と表現する。

ギャップには①業績ギャップ、②認識ギャップ、③価値観ギャップ、④プロセス・ギャップの4つがある。ここでは①と②について説明し、③と④については次項で考えてみよう。

業績と認識の「ギャップ」が生むチャンスとは?

①業績ギャップとは、自社製品の参入市場が活況を呈していながら、自社の業績自体はあがっていないような場合。たとえばある時期、日本など先進国の鉄鋼業は、市場が拡大しているにもかかわらず利益率の低下を予測されたことがあった。原因は明らかで、需要に応える設備が〝帯に短し、たすきに長し〟の状況に陥ったためである。

つまり、現状の設備では需要に追いつかず、新規高炉を建設すると生産能力が需要をオーバーするうえ、設備投資が巨額にのぼって利益率を押し下げてしまうというジレンマに悩まされたからだ。

対応策は「高炉」から「電炉」に切り替えることであった。電炉なら小さな規模ですむし、需要に合わせて生産能力も調節可能になる。高炉が労働集約型なのに対し、電炉は自動化が可能で、人件費削減に寄与することにもなった。

②認識ギャップの好例は、前述した「コンテナ船」である。20世紀のはじめ、世界の海運業は船舶の高速化により、海上運行の経済性アップを追求していた。ところが実際には、高速化を実現すればするほど、外洋貨物船の経済効率は低下するという現象が生まれてしまった。この理由は「コスト」に関する認識ギャップである。

船舶にとってコスト増は、航行スピードよりも、荷積みのために停泊中の「遊休時間」の長さに原因があった。そのため「積み込みと輸送の分離」が発案され、あらかじめ生産地で荷積みしておくコンテナ方式が採用されることになる。これで、いちいち埠頭で荷物の上げ下ろしをする手間が省け、遊休時間は大幅に減ることになった。ドラッカーは、「この方式は、鉄道とトラックの分野では、すでに前から採用されていた」と、船舶業界の遅れを指摘している。

「ギャップ」を探す……業績ギャップと認識ギャップ

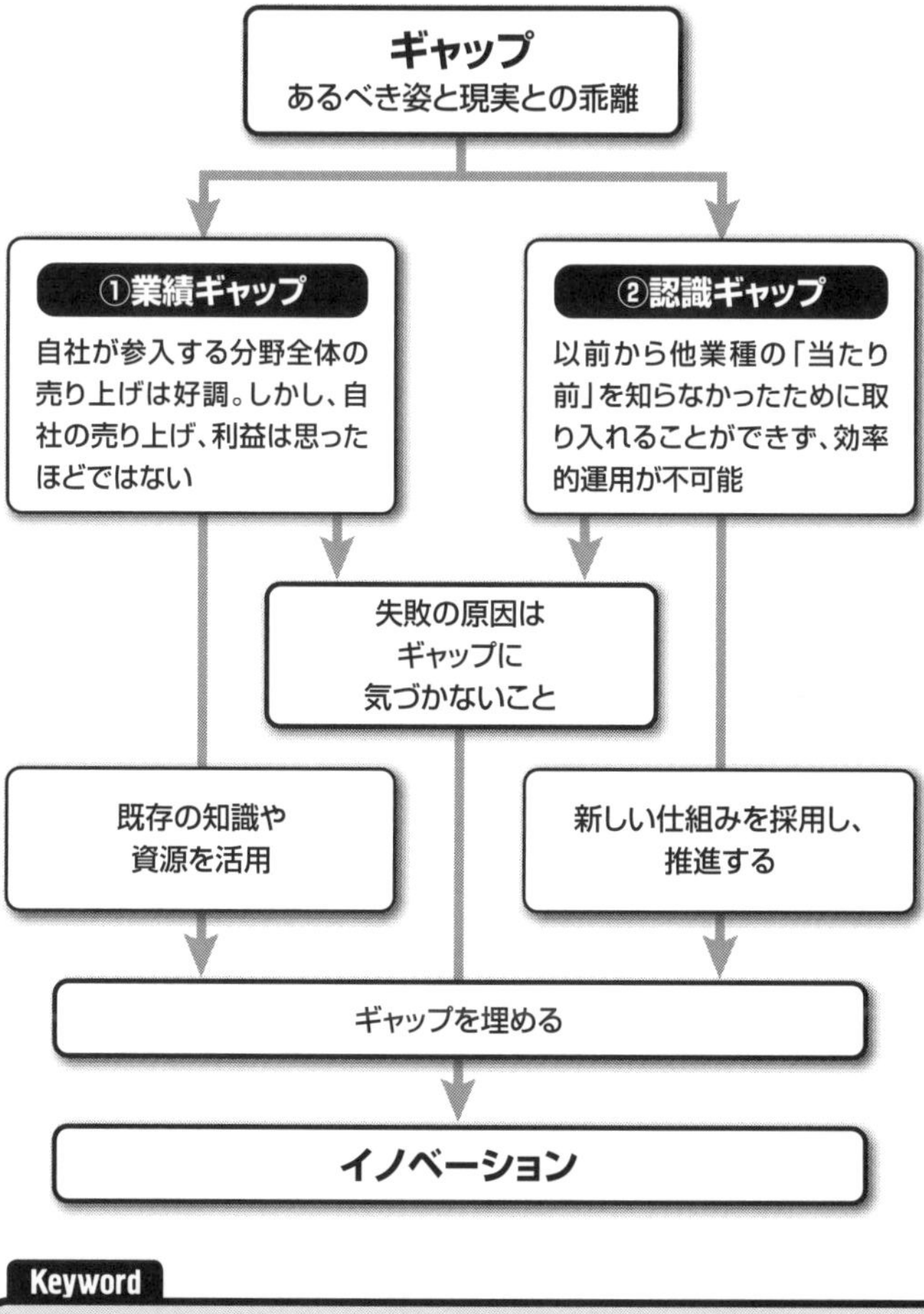
ギャップ
あるべき姿と現実との乖離
①業績ギャップ
自社が参入する分野全体の売り上げは好調。しかし、自社の売り上げ、利益は思ったほどではない
②認識ギャップ
以前から他業種の「当たり前」を知らなかったために取り入れることができず、効率的運用が不可能
失敗の原因はギャップに気づかないこと
既存の知識や資源を活用
新しい仕組みを採用し、推進する
ギャップを埋める
イノベーション

Keyword

ギャップを見逃すと、成果の期待できない分野に資源を集中させて、間違った方向に向かってしまう。

14

価値観とプロセスのギャップがチャンスを生む

傲慢と硬直、独断はつまるところ、「貧しい人たちが何を買えるかを知っているのは、彼らではなく私である」という考え方である。多くはそれにとらわれ、競争相手が成功していることはもちろん、存在していることさえ認めようとしない。

プロセス・ギャップは、「消費者がすでに感じていること」に気づくことである。製品やサービスの目的は消費者の満足にある。失敗者に欠けていたものは、消費者の声に耳を傾け、真剣に取り上げることだった。

『新訳イノベーションと起業家精神』（上）より

価値観ギャップが予期せぬ成功をもたらす

③価値観ギャップについても好例がある。たとえばアップルのｉＰａｄ、ｉＰｈｏｎｅが好評だったのは、それが単なる「モノ」ではないからだ。これらの電子機器が、「新しい世界」という魅力的な生活や人生を楽しませてくれるものであることを、ユーザーが敏感に感じとったためである。ことにｉＰｈｏｎｅは、携帯電話を「電話、メールの通信機器」としてしか認識できなかった企業に大きな衝撃を与えた。アップルは、新しくさらに便利なものを欲する大衆のそうした価値観を鋭い嗅覚でかぎわけていたのである。

すでに起こっている事象の変化に気づかない価値観ギャップの背後には、必ず生産者側の傲慢と硬直、思い込みによる独断がある。ユーザーは、生産者や販売者が「売りたい」と考えている価値を、そのまま受容しているわけではない。いろいろ注文はあるが、それでもその製品に新しい価値を感じるから、手に入れたくなるのだ。

「うちのは品質がいいのに、顧客は別な企業の製品ばかりありがたがる」と嘆く経営者がいるが、これは価値観ギャップを認識していない典型的な例といえるだろう。

プロセス・ギャップが生む成功のチャンス

④プロセス・ギャップにも注意を払う必要がある。このプロセス・ギャップを解消した有名な逸話がある。

加齢により誰もがかかり得る老人性白内障の手術は、現在は比較的容易なもので、不安は少ないものだ。しかし、以前にはただ一か所、ごく小さな筋肉を切開するときの処置に医師たちの不安があった。すでに筋肉組織を瞬時に溶かす酵素が開発されていたが、保存期間が短く、その酵素を長時間生かしておくことが難しかった。それが悩みだった。

そこで、ある製薬会社のセールスマンが、世界中を飛び回って酵素の効力を損なわずに保存期間を延ばす薬を探しだした。その結果、わずか数年後には、老人性白内障の眼科手術で、世界中の眼科医が彼の会社の酵素を使うようになったという。セールスマンは医師たちの要望に素直に耳を傾け、応えようと必死に努力しただけだが、その行動は医療のプロセス・ギャップを的確にとらえ、ゆえに大成功に結びついた。

「製品やサービスの目的は顧客の満足にある」というドラッカーの言葉を、たくまずして実践した事例といえよう。

「ギャップ」を探す……価値観ギャップとプロセス・ギャップ

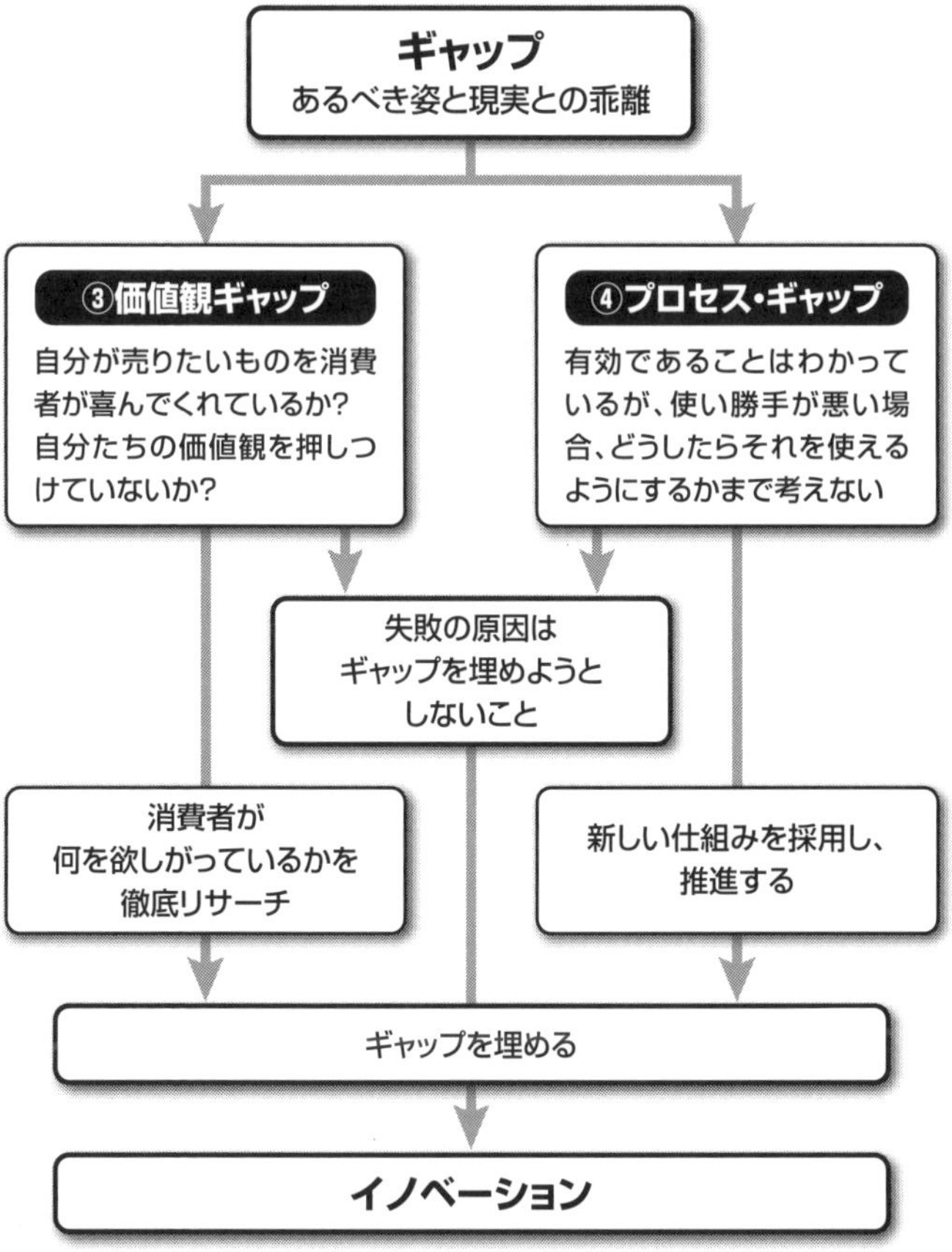

ギャップ
あるべき姿と現実との乖離
③価値観ギャップ
自分が売りたいものを消費者が喜んでくれているか?
自分たちの価値観を押しつけていないか?
④プロセス・ギャップ
有効であることはわかっているが、使い勝手が悪い場合、どうしたらそれを使えるようにするかまで考えない
失敗の原因は
ギャップを埋めようと
しないこと
消費者が
何を欲しがっているかを
徹底リサーチ
新しい仕組みを採用し、
推進する
ギャップを埋める
イノベーション

Keyword

消費者の行動を〝不合理〟と感じるときこそ、生産者と消費者の間にギャップがある。

15

顧客には「3つのニーズ」がある

「必要は発明の母」という。ニーズとは〝まだ存在していない〟が、イノベーションの母になるものをいう。それは予期せぬ成功や失敗、ギャップと同じように企業や産業の内部に存在する。それを漠然とした一般的なニーズとしてとらえるのでなく、限定的、具体的なものとしてとらえる必要がある。

『新訳イノベーションと起業家精神』（上）より

プロセス上のニーズを発見する

ユーザーの「ニーズ」がどこにあるかを知り、その欲求に応えようとするのが「ニーズに基づくイノベーション」だ。ドラッカーは、**ニーズにも「プロセス上のニーズ」「労働力のニーズ」「知識上のニーズ」がある**と定義している。

「プロセス上のニーズ」は、すでにあるプロセスの弱みや欠落を補うイノベーション。「最も弱い部分は何か？」を探す発想で、ドラッカーは活版印刷の植字を例にあげている。

植字は長い間、熟練工に支えられてきたが、すべてが人力で時間と費用がかかりすぎていた。そこで必要な活字を機械的に選ぶキーボード、活字を〝行〟に揃える仕組み、使用済み活字を元に戻す植字機が生まれた。植字機は、徒弟制度の上にいる植字工の猛烈な抵抗にもかかわらず、わずか5年で主だった印刷工場に標準装備された。

労働力・知識上のニーズもチャンスを拡大する

「労働力のニーズ」とは、たとえば生産ロボット。人間の労働力だけでは時間的、人件費的ロスが大きい部分をカバーする機器を開発するようなことだ。

20世紀初頭のアメリカでは急速に電話が普及した。ところが、電話交換が手作業であるかぎり、本格的な電話普及が予想される20年後には、17歳から60歳までのすべての女性がこの仕事に従事する必要があると予想された。そのために、AT&Tの技術者が自動交換機を発明したのである。これは問題が予測されてからたった2年後の成果だった。

「知識上のニーズ」とは、「開発研究」を目的とするニーズだが、そこには明確に理解し、感じる知識が存在していなければならない。それを満たすには、知的な発見が必要となる。

写真機は発明後、たった20年で世界中に普及したほど、魅力的な機器だった。しかし、当初は原版に重く壊れやすいガラス版を使っていたために、取り扱いには細心の注意を必要とした。この問題の改善が強く要望されていたが、当時の科学技術では対応できないと思われていた。

そんな状況の1880年代半ば、イーストマン・コダックの創始者ジョージ・イーストマンが、研究開発によってガラス版をセルロイド素材に変えた。その結果、写真機は驚くほど軽量化され、市場を拡大していった。イーストマンは執念で「何かガラス版に代わるものはないか」と技術上の欠陥をクリアし、写真技術に革命を起こしたのである。

イノベーションのために「3つのニーズ」を探す

ここでいう「ニーズ」とは

❶
消費者が欲している「もの」
❷
だが、いますぐには対応できない部分
❸
その欠落をどう補うかの発想

①プロセス上のニーズ

- すでにあるプロセスの弱みや欠落を補う

「最も弱い部分」を探す

②労働力のニーズ

- 人間の労働力だけでは達成できない部分を補える機器の発明・システムの発見

「不都合なこと」が起きていないか、常に点検・調整していく

③知識上のニーズ

- 研究開発
- これからの業界をリードする新規製品・サービスを開発

新製品、新技術は、決っして突然生まれるではない。いままでの延長線上にない視点が生み出す

Keyword

ユーザーの「ニーズ」がどこにあるかを知り、
その欲求に応えようとするのが出発点。

16

変化を受け入れる体制をつくるには？

ニーズに基づくイノベーションには条件があって、①何がニーズであるかが明確なこと、②現代の科学でイノベーションに必要な知識が手に入ること、③問題解決の方法が、それを使う者の仕事の方法や価値観と一致していることである。明確なニーズに基づくイノベーションでありながら、当事者のやり方に合わなかったために受け入れられない例も少なくない。

『新訳イノベーションと起業家精神』（上）より

成功をもたらす受け入れ体制の整備

イノベーションを成功させるには前提条件がある。プロセスが完結していて、一か所の欠陥を補えば新しい価値を生み出せること。目標が明確であり、さらに上を求める意識が企業全体に浸透していること。つまり、受け入れ態勢が整備されているということだが、その判定は次の3つが社内に備わっているかどうかによる。

①社内全体がニーズを理解していること。

社内全体が「何がニーズなのか」を明確に理解し、克明にリサーチをして、結果を社内にフィードバックする。それにより全社員が「ニーズはこれだ」という共通認識を持つことが基本となる。

②有効な知識や技術の存在に気づき、それを手に入れられること。

ニーズに基づくイノベーションの遂行には、新しい知識や発想が不可欠だ。また、どんな製品や技術を使えばそれが補完可能か、その製品や技術が自社にあるかの精査が必要となる。手に入れられなければ、どんなに優れたものでも絵に描いた餅である。

③問題を解決するに当たって、使い勝手がいいかどうか。

前述の白内障手術での酵素、写真技術でのセルロイド素材は、まさに使用者の価値観と一致した例である。「ニーズ」を考えるときには、使い勝手のよさが切り離せない。

「専門性の神話」が阻むデータベース

逆に「ニーズ」がありながら、遅々として進まない技術もある。たとえば医師、弁護士、会計士、技術士などの情報が得られるデータベースだ。誰がどんな技術を持ち、どんな特徴があるのかを一覧で見ることが可能な情報があれば、非常に便利であるにもかかわらずだ。現在、こうしたデータベースは徐々に整備されつつあるが、それでも「専門性の神話」に阻まれて、思ったほど加入者が増えていないという。医師や弁護士などの間に、簡単に情報を引き出されては不利益をこうむるかもしれないという危惧が根強いためである。

専門家ほど「自分の存在証明」にこだわる傾向があるのは事実。彼らは、いかに社会に役立つかよりも「神話」の中にいるほうが安心なのだ。「診断チェックや有効な治療の情報サービスがあればとても便利だ」といわれたとき、「そんなに簡単に探せたのでは、私がいらなくなってしまう」と答えた、ある有名な外科医の話をドラッカーは紹介している。

成功をもたらす変化の「受け入れ態勢」

①
社員全員が
ニーズを理解している
「これがニーズなんだ」
という共通認識
②
有効な知識や
技術の存在に気づき、
それを手に入れられる
情報に気づき、それが
有効かどうかを判断するセンス
目標達成が
しやすくなる！
③
使い勝手が
いいかどうか
すぐに応用ができ、
広がる可能性が高い

困難を克服するには

前提条件 **必要な知識がすべて用意されているか？**

①経済、社会、認識の変化など、すべての変化の要因分析 … 何が重要かは顧客が決める

②自分の戦略を明確にする
- すべてを手に入れたいのか？
- 市場だけを確保しようとするか？
- 重点を占拠する戦略か？

… 顧客に何を提供すれば最も有効かを絞り込む

③マネジメントを学ぶ、実践する … ニーズに応え、ニーズを創造するために何をすべきか？

Keyword

弱みや欠落、不都合に向ける目、科学の発展による新知識獲得の可能性と使い勝手の良し悪しが重要。

17

変化できる組織は何が違うのか？

イノベーションとは、理論的な分析であると同時に、知覚的な認識である。したがってイノベーションを行うに当たっては、外に出、見、問い、聞かなければならない。イノベーションに成功する者は右脳と左脳を使う。数字を見るとともに人を見る。いかなるイノベーションが必要かを分析をもって知ったあと、外に出て、知覚をもって客や利用者を見る。彼らの期待、価値、ニーズを知る。

『プロフェッショナルの条件』より

部下の意見に耳を傾ける

イノベーションとは偶然の発見がもたらすものではない。組織に生きる人間の、常に問題を見過ごさない意思こそが、それを可能にするのだ。それゆえに、社内にはイノベーションに挑戦できる組織体制を、いつも用意しておく必要がある。したがって、トップの役割は重大である。部下からあがってくる意見に、**常に耳を傾ける姿勢**が求められるからだ。

といっても、単に意見を聞くだけでは進展はない。アイデアを進言してくる部下に対して、仕上がる製品のイメージ、生産工程、事業展開など、意見を育てるまでに必要な作業は何かを考えさせる。会社として取り組む前に、提案者がそのために何をしなければならないか、見逃していることはないかなどを、**提案者自身に問いかける**のである。そこが解決されてはじめて、イノベーションのチャンスを現実に応用することが可能となる。

同時に、非常に重要なことは**科学的、技術的な重要性だけを尺度としない**ことだ。優先されるべきは、市場や顧客に対する貢献度なのである。

「技術進歩よりも、割賦販売という社会的イノベーションが経済と市場に与えたインパクトのほうが大きかった」とドラッカーは指摘している。

イノベーション予算を設定する

予算枠で組織を縛らないことも重要だ。予算は企業にとって大きな問題だが、それを前提にすべきではない。予算はイノベーションをすると決めたあとで、最後に検討する課題と考えるべきだ。「先に予算ありき」では、成るものも成らなくなってしまう。その結果、イノベーションは中途半端に終わりかねないのである。

イノベーションを推進する目的で、社員の働き方改革を推進し、〝人的予算〟を振り向けた例にＧｏｏｇｌｅの「20％ルール」がある。これは、社員に勤務時間の20％程度、本来の業務以外の取り組みを認めるもので、日常業務に支障が出ないかぎり、いつ実行するかは本人の裁量に任されていた。Ｇｍａｉｌやｇｏｏｇｌｅマップ、Ｇｏｏｇｌｅサジェスト、Ｇｏｏｇｌｅニュースなど、現在のネットインフラを代表するプロダクトは、この20％ルールから生み出されているという。

予算には2種類ある。企業が「費用対効果を最大にするのに必要な」事業予算を策定するのはもちろんだが、その一方で「新しい機会をもたらすものは何か」を問い続け、そのために資源を振り向ける「イノベーション予算」を重要視していかなければならない。

イノベーションを可能にする組織のあり方

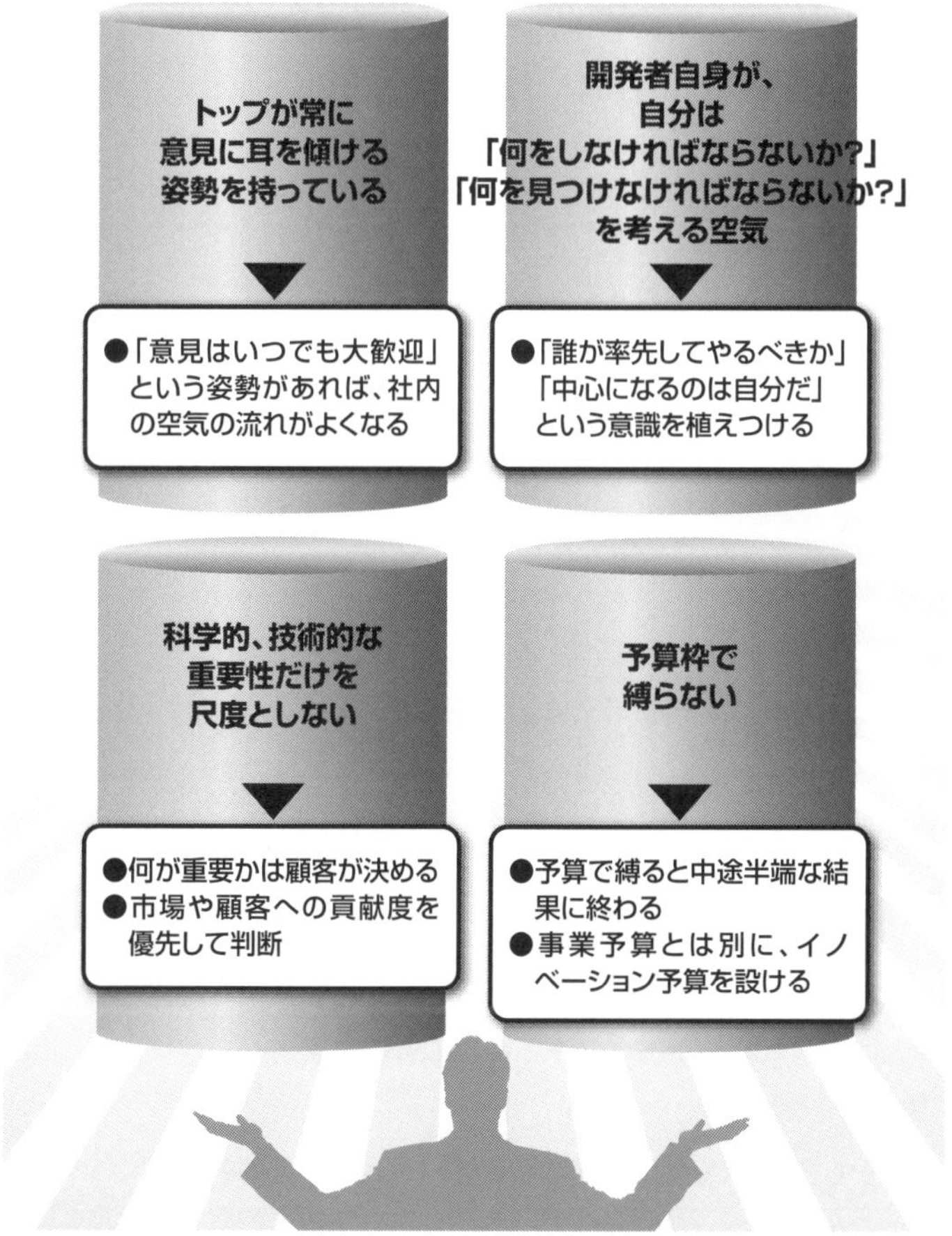
トップが常に
意見に耳を傾ける
姿勢を持っている
●「意見はいつでも大歓迎」という姿勢があれば、社内の空気の流れがよくなる
開発者自身が、
自分は
「何をしなければならないか?」
「何を見つけなければならないか?」
を考える空気
●「誰が率先してやるべきか」「中心になるのは自分だ」という意識を植えつける
科学的、技術的な
重要性だけを
尺度としない
●何が重要かは顧客が決める
●市場や顧客への貢献度を優先して判断
予算枠で
縛らない
●予算で縛ると中途半端な結果に終わる
●事業予算とは別に、イノベーション予算を設ける

Keyword

イノベーションを行うために上司は常に部下の意見に耳を傾ける

COLUMN 2

時代の流れを読みきった「社会生態学者」の目

ドラッカーは自らを「社会生態学者」と定義している。「生態学」とは、ある事柄を観察し、変化を生み出す背景を分析し、本質を定義していく学問。ドラッカーは終生、社会の変化をとらえ、その中で生きる組織のあり方、それを支える「マネジメント」を提唱し続けた。だから「社会生態学者」なのである。

では、ドラッカーはその「社会生態」のどこに注目し、観察してきたのだろうか。それは「断絶」である。

「時代」というものを眺めると、いつの間にか社会制度や価値観、ライフスタイルが前とは違っているのに気づくはずだ。しかしそれは、過去を振り返ったときにはじめてわかるものだ。

通常、我々は昨日から今日、そして明日へと、絶え間なく時間がつながっているように感じている。よほどよく観察しないと、そこにある時代の大きな“切れ目”には気づかない。だがじつは、この切れ目が「断絶」なのである。この切れ目に気づかないと、次の時代に適合することはできない。そのためには、常に「過去」と「いま」を照らし合わせ、そこに切れ目がないかどうかを観察し続けなければならないのだ。

断絶は1日にして生まれるわけではない。社会は、それとは気づかないうちに、徐々に徐々に変化し、新しい衣服をまとっていくものである。新旧が混在する時代の中から、いかに新しい変化の予兆を見出すか——企業も個人も、新しい時代に生き残れるかどうかは、それを発見できる能力にかかっている。

第3章

儲かる仕組みをつくる！6つの原則

18

起業家精神の重要性

起業家精神とは、すでに行っていることを上手に行うよりも、まったく新しいことに価値、とくに経済的な価値を見出すことである。起業家とは、秩序を破壊し解体する者である。起業家の責務は「創造的破壊」である。

『新訳イノベーションと起業家精神』（上）より

「起業家精神」には4つの条件がある

「起業家精神」は、ドラッカーが「体系的にイノベーションを担う組織や個々人の意思」を表すものとして造語した。彼は起業家精神には4つの条件があるという。

①「変化」を脅威ではなく機会と思える前向きな組織をつくりあげ、イノベーションを進展させる経営政策を遂行する。

②イノベーションの成果についての体系的な測定と評価を行う。

③イノベーションを遂行する組織、人事、報酬についての特別措置を講じること。

④決してしてはいけない、タブーを理解すること。

イノベーションの成果を業績評価に取り入れることはそれほどむずかしいことではない。個々のプロジェクトについて、当初の期待と現実の成果をフィードバックして比較検討するのだ。開発部門のプロジェクトであれば、「いつまでに、いかなる成果を期待するか」を決め、「いつの時点で進捗したと評価すべきか」の期限を定める。そして「当初の期待と現実の成果とを照合する」ことで、自分たちの得意分野や苦手分野が理解可能となる。

こうしたフィードバック分析は、研究開発分野だけでなく、イノベーションに関するすべての活動で応用できる。たとえば、研究開発時間を必要以上に過大評価しているかもしれないし、開発製品の販売時間を過小評価する傾向が見えてくるかもしれない。新規事業が軌道に乗りつつあるのに、マーケティングや販売促進に精力を払わず、せっかくの研究開発の成果を無に帰す傾向が見えてくることさえ考えられる。

イノベーション活動を定期的に点検する

次に、**数年ごとにまとめてイノベーションにかかわる活動全体を定期的に点検していき、評価してみる。**そうすることで、どのイノベーションに力を傾注すべきか、新しいチャンスは何かが浮き彫りになってくる。期待通りに進展していないのであれば、そのプロジェクトを諦めるのか、もう少し様子を見るのか、などの検討も可能となる。

そのうえで、イノベーションの成果全体を、目標、市場における地位、企業全体の業績との関連において評価してみる。たとえば、主要部門全部に対し、「この5年間で自社を変革する貢献をしたか」「今後いかなる貢献が期待できるか」などを検討していく。これにより、イノベーションの成果を、はっきりと把握できるようになるわけだ。

ドラッカーが提唱する「起業家精神」

なすべき前提

- 成果を期待にフィードバック
- イノベーションにかかわる活動を定期的に点検
- イノベーションの成果全体を、目標、市場での地位、企業全体の業績との関連で客観的に評価

↓

4つの条件

①イノベーションを受け入れ、変化をチャンスととらえる組織をつくりあげるための経営政策

③組織、人事、報酬についての特別措置

②イノベーションの成果の体系的測定と評価

④イノベーションのために決してしてはいけないタブーの理解

Keyword

起業家精神は新しいことに、経済的な価値を見出すこと。その活動は定期的に点検される必要がある。

19

強い会社は全員が「起業家精神」を持っている

イノベーションを行うのは人間である。人間は組織の中で動く。したがって、既存企業がイノベーションを行うためには、そこに働く一人ひとりが起業家となる組織構造を持つ必要がある。起業家精神を中心として、もろもろの関係を構築する必要がある。さらには報酬、報奨、人事制度を、優れた起業家精神に十分報いるものにする必要がある。

『新訳イノベーションと起業家精神』（下）より

新規事業は既存の事業から独立させる

イノベーションの遂行には、人をどう評価するかが鍵になる。組織内で働く人間のやる気が成否を決めるからだ。そこで、前項③であげたように、組織、人事、報酬面でイノベーションの先頭に立つ人たちに報いるシステムをつくらなければならない。働く個々人が〝起業家〟として充足感を持ち得る組織構造が必要になるからである。

同時に重要なことは、**新規事業が既存の事業から独立していること**だ。既存事業は会社が収益をあげるための基幹であり、それを維持していくために、膨大な時間とエネルギー、資金を投下している。そうした状況下で新規事業を既存事業の中に組み込むと、どうしても新規事業は後回しになってしまう。そのため、最初から独立した事業としてスタートすることが望ましいのである。

新規事業の責任者には大きな権限が必要

前に、既存事業の予算と別に、イノベーション予算確立の重要性を述べたが、これは「新規事業が収益をあげるまでの〝辛抱〟が大事」ということでもある。つまり、**一本立ちするまでは専任の責任者を置き、独自の予算を与える**こと。そのうえで**責任者には、研究、生産、財務、マーケティングの専門家を〝必要なときに必要なだけ動員できる〟権限を与える。**ある意味、新規事業部以外から口出しされないような治外法権性が必要なのである。

では、それを可能とするために、どんな立場の人を責任者とするべきなのか。新規事業として新しい収益をあげる製品だが、軌道に乗るまでには時間がかかるとする。だが、そこが長引くと社内の風当たりもきつくなる例は、どこの企業でも見られる。

そうした不協和音をシャットアウトし、イノベーションを推進していくには、新規事業の責任者はトップマネジメント、少なくとも専務クラスがつくべきであろう。

新規事業を管理部門と一緒にしないことも重要だ。管理部門の担当者は立場上、得てして保守的になりがちである。だが社内において新規事業を立ち上げる人は、いわば起業家であり、冒険者でなければならない。したがって保守的な価値観を基本に置く人物では、とてもイノベーションは達成できない。

とはいえ、社内の誰とであれ、緊密な意見交換は最重要課題である。互いに理解し、信頼し、仕事の進め方を納得してもらわなければ、新規事業の成功はとうていおぼつかない。

お互いが信頼し合える組織構造をつくる

研究部門
動員の権限
動員の権限
生産部門
専任マネジャー
イノベーションの
実行責任者
目標達成のための仕事の明確化
特定の人に権限を集中
責任の所在の明確化
財務専門家
動員の権限
動員の権限
マーケティング専門家
この体制がつくれないと……
多すぎる会議
職責を持たない人への依存
目標の混乱
部門間の対立
他部門への気づかい
度重なる組織変更
権限の過剰な集中
厭戦《えんせん》気分の横溢《おういつ》
組織崩壊の悩みに直面

Keyword

新規事業が独り立ちするまで専任の責任者を置き、独自の予算を与える。

20

新事業の創造に向いているのはどんな人か？

昔から知られているように、組織の人間というものは、他の者がどのように扱われるかを見て、自らの態度と行動を決める。したがって、仕事よりも追従のうまい者が昇進していくのであれば、組織そのものが、業績のあがらない追従の世界となっていく。公平な人事のために全力を尽くさないトップマネジメントは、組織の業績を損なうリスクを冒すだけではない。組織そのものへの敬意を損なう危険を冒していることになる。

『チェンジ・リーダーの条件』より

命令で動かすリーダーより、全体を調和させるマネジャーが必要

「創造性」という言葉がある。しかし、真にイノベーションに優れた会社は「創造性」などという言葉は口にしない。**イノベーションに邁進《まいしん》する会社にとっては「創造性」など当たり前のことだからだ。むしろ「自己規律」を口うるさく徹底している。**

自己規律とは何か？　端的にいえば「約束を守る」ことである。「このプロジェクトの期限はいつか」を決め、「それを見直すべき段階はいつか」を問うのだ。そして、「そのときまでに、いかなる成果をあげるか」「それはいつの時点なのか」を常に問い続ける。

これは「目標を明確にする」という目的と同時に、「みんなで一緒になって遂行していく」という〝協働意識〟を醸成するためでもある。

イノベーションは人間が行う、きわめて人間的な作業だが、人はそれぞれ異なった意思を持つ。したがって、異なった価値観をぶつけ合い、意見を集約し、共通目標に向かって全力を傾けなければ、イノベーションは決して成功しない。

だからイノベーションに熱心な企業ほど、全員の「理解」に心を砕く。そのプロジェクトにかかわる人だけでなく、周囲で支える人間の理解や、従業員相互の理解がなければ、共通目標

に向かって全社的な統一行動がとれないからである。

全員の理解を徹底するためには、新しいチャレンジが決定した段階で、プロジェクトマネジャーを選出する必要がある。これはどんな部門の人間であってもよいし、また、技術分野や開発分野に特別秀でた技能の持ち主でなくてもかまわない。

ただし、事業全体を見通せる人で、かつ管理者としても優秀で、また人材に目配りできる人でなければならない。つまり、社内のあらゆる種類の機能を動員できるような存在の人物が適任で、いわば優れた「ゼネラリスト」というところかもしれない。

イノベーションは、個々人の専門知識や能力を適切に組み合わせながら総合力を発揮しなければ、成功にたどり着けない。だから、それぞれがパートナーの知識や能力はもちろん、価値観や性格、目的や成果の考え方、つまり「人柄」を理解していなければならない。それをまとめるのがプロジェクトマネジャーである。この人物が、「いかにして協働によるコラボレーションの効果をあげていくか」を追求していく旗振り役をつとめるのである。

専門知識を持ったスペシャリストよりも、ゼネラリストを推す理由は、専門家は自分の専門知識にこだわりがちで、無意識のうちにチームを自分の方向に引っ張ろうとするからである。また、自分の意思を強く打ち出し、全員を引っ張っていく人も不要だといえる。

ゼネラリストだからできること

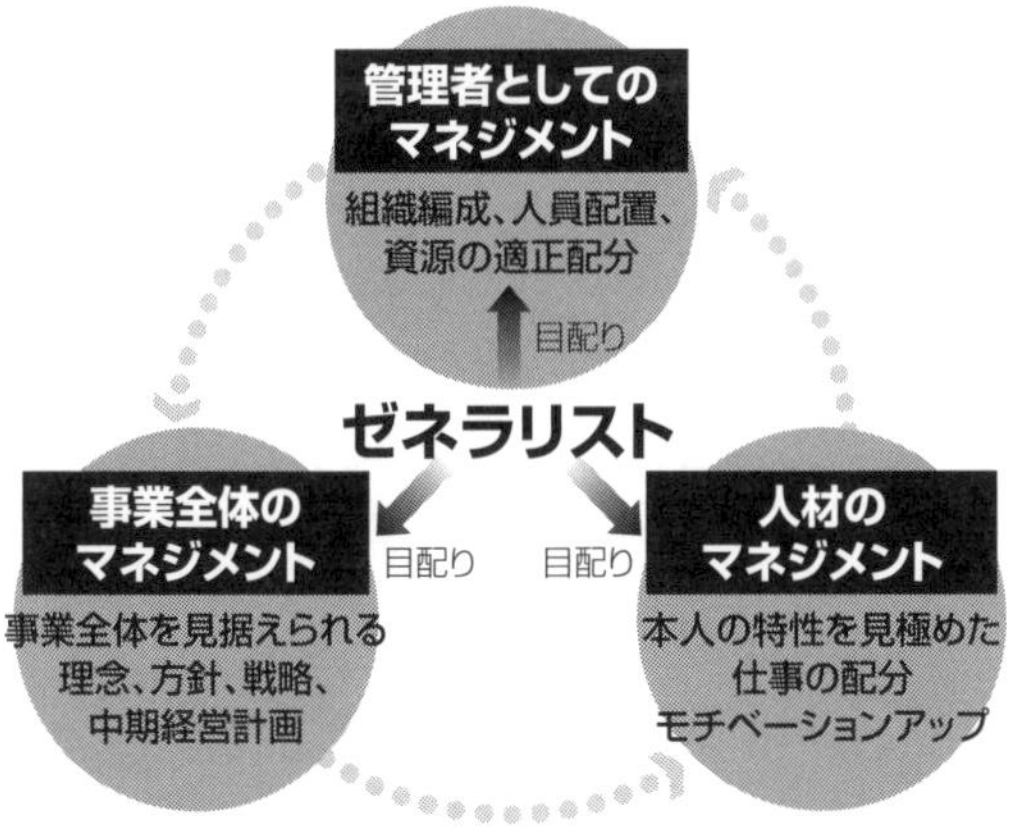
管理者としての
マネジメント
組織編成、人員配置、
資源の適正配分
目配り
ゼネラリスト
事業全体の
マネジメント
事業全体を見据えられる
理念、方針、戦略、
中期経営計画
目配り
目配り
人材の
マネジメント
本人の特性を見極めた
仕事の配分
モチベーションアップ

Keyword

新規事業には命令で人を動かすのではなく、個性を引き出し、支援し、調和させるマネジャーが必要。

つまり**イノベーションには、命令で全員を動かすリーダーではなく、全員の個性を引き出し、支援し、調和させるマネジャーが必要**なのである。

いくら事業のマネジメントが優れていても、管理がうまくできないと運営は不可能になる。そして管理者が優れていても、現場の担当者が仕事をしなければプロジェクトは前に進まない。絶えず全体に目配りし、それぞれの特性に合った仕事の組み立て方と配置ができるゼネラリスト。そうしたプロジェクトマネジャーが必要になるのである。

21

市場アプローチ①「総力戦略」と「ゲリラ戦略」

市場アプローチの戦略には、①総力戦略　②ゲリラ戦略　③ニッチ戦略　④顧客創造戦略の４つがある。

これら４つの戦略は、互いに相容れないものではない。一人の起業家がそのうちのいくつかを組み合わせて戦略とすることができる。

しかし、これら４つの戦略には、それぞれ特徴がある。適合するイノベーションと、適合しないイノベーションがある。それぞれが、起業家に対し異なる行動を要求する。特有の限界を持ち、特有のリスクを伴う。

『新訳イノベーションと起業家精神』（下）より

全力を傾けてナンバー1を目指す「総力戦略」

市場アプローチには、各戦略に応じて採用すべきイノベーションのポイントがある。

①総力戦略は、企業の総力をあげて新製品を開発し、大々的に宣伝をして市場を席巻するものである。最初からトップの座をねらう戦略である。

これは、あらゆる戦略の中で最もギャンブル性が強く、失敗したら2度目のチャンスがない可能性が高いが、成功すれば競争相手の意欲をそぐことが可能で、創業メリットが生じる戦略である。

1920年代までは一介の化学品メーカーだったスイスの製薬会社ラ・ロッシュは、ビタミンの発見者を大学から異例の報酬で引き抜き、特許を取得した。そして資金をかき集め、社運を賭けて製品化とマーケティングに投入した。その決断で、すでに特許が失効した現在も、同社は依然としてビタミン市場の半分のシェアを占めている。

ただしこの戦略は、成功後から真の意味でのイノベーションが求められる。それは成功体験を捨て、すべてのプロセスを革新しつつ、計画的に価格を下げていく努力である。

柔よく剛を制すの「ゲリラ戦略」

②ゲリラ戦略は、「創造的模倣戦略」ともいう。戦略の基本である「模倣」を最大の武器にして、「他人の成功」を真似るやり方である。そして「敵の弱点をつく攻撃」を仕掛けることから、「柔道戦略」などと呼ばれることもある。

具体的には、自社では製品やサービスを新規開発せず、資金力、ブランド力、開発力をバックに他社と同じ機能の製品をつくって（いわば模倣）新市場にあとから参入。宣伝力などで攻勢をかけ、またたく間に市場を占有して他社を排除する戦略である。

有名な話として、ベル研究所がトランジスタを発明したとき、真空管をしのぐ性能を理解しながらも、アメリカのメーカーは実用化に舵《かじ》を切らなかった例がある。「自分たちが発明したものではない」というのが、その理由。悪しきプライドが邪魔をして、時代に乗り遅れたのだ。

一方、ソニーはすぐにアメリカに飛び、ライセンスを破格の安値で取得。その結果、重さは真空管ラジオの5分の1、価格は3分の1以下のラジオを開発する。一種のゲリラ戦略ともいえるが、このやり方は最もリスクが小さく、かつ成功しやすい。その結果、ソニーは5年後には世界市場を席巻するのである。

ナンバーワンを目指す「総力戦略」

新製品開発

↓

宣伝、価格面で市場を席巻

↓

最初からトップの座をねらう → ライバルに差をつける

↓

成功体験を捨てる
最初と同じくらいの努力と資金を投入
市場での情報収集
← チャレンジャーの出現
ゲリラ的戦争

↓

計画的に価格を引き下げ

↓

消費者に歓迎される

↓

トップの座を維持できる

「ゲリラ戦略」とは、他社の力を利用する戦略

先行開発企業の「おごり」

❶自分たちが考えたものではないというおごり
❷「いいとこ取り」の発想。強い欲張りの発想
❸製品やサービスは自分たちがつくるという傲慢
❹先行企業の創業者利益への過信
❺新機能を付加すればもっと売れるという錯覚

→ 先行企業にこんな〝おごり〟があるとき、彼らが気がつかない市場が生まれる

ゲリラ戦略とは……
他社の力を応用し、「柔よく剛を制す」の発想
先行する商品に改善を加え、元の形以上の製品にしてしまう

↓

顧客に喜ばれ、先行企業に負けない利益を得られる

Keyword

「成功体験を捨てる」、「他人の成功を模倣する」など、表面的なプライドを捨てる勇気が革新を生む。

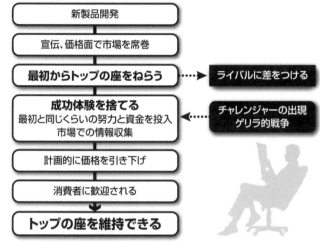

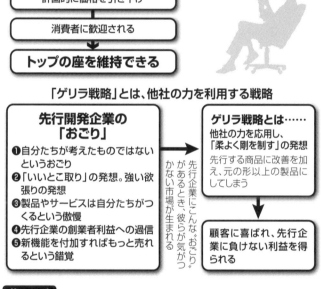

22

市場アプローチ②「ニッチ戦略」

ニッチ戦略には①関所戦略　②専門技術戦略　③専門市場戦略の3つがある。

総力戦略もゲリラ戦略（創造的模倣）も、市場や業界において、トップの地位を目指す。これに対し隙間（ニッチ）の占拠を目指す戦略は目標を限定する。ニッチ戦略は、限定した領域で実質的な独占を目指す。

『新訳イノベーションと起業家精神』（下）より

名より実をとる「ニッチ戦略」

ニッチ戦略とは目標を限定し、隙間を埋めてしまう戦略。つまり、限定された領域を実質的に占有していく、いわば「目立たず優雅に暮らす戦略」である。そして、それを達成するために「関所戦略」「専門技術戦略」「専門市場戦略」の3つの戦略が考えられている。

①関所戦略

関所戦略は、ある業界や市場を対象にしたとき、どんな企業でも通らざるを得ない場所を押さえる戦略のこと。製品として重要であっても、市場規模が小さいため、大手が進出する価値を見出せない分野がある。ここに特化すれば独占的地位を守ることができる。

ドラッカーは、この例として、前述の老人性白内障の手術のプロセスを改善する酵素を開発した企業を紹介している。手術に使う酵素小さじ一杯は、いかに高価であっても手術費用全体からすればほんのわずか。市場が小さく、競争相手も競合品を開発するほどの価値を見出せない。その結果、その酵素は「関所」の地位を得たのである。

②専門技術戦略

特定の技術分野で独自性を発揮し、差別化をはかる戦略だ。たとえば自動車部品メーカーは一般的に無名でも高度な専門技術を有し、その技術がなければ自動車生産は成り立たない。

小糸製作所は、世界で唯一、光源からランプシステム制御までを開発、生産する東証一部上場の企業である。次世代の光源として期待される白色発光ダイオードやＬＥＤヘッドランプ開発のトップメーカーで、鉄道信号用のレンズ開発からスタートし、一貫して自動車、船舶、航空機など「乗り物」に不可欠なランプメーカーとして歩んできた。今後、自動車がＨＶ（ハイブリッド車）、ＥＶ（電気自動車）へ変わろうと、ランプそのものがなくなることは決してない。ただし、この戦略を効果的に発揮するにはタイミングが重要で、新市場の発生に合わせて始動する必要がある。タイミングを逃すと、他の部品メーカーに優先権を与えてしまいかねない。

③専門市場戦略

市場についての専門知識を生かす戦略が専門市場戦略である。これを最大限に利用しているのが、いまだにイギリスとデンマークの２社が占有する世界の業務用オーブン。製品自体は技術的には高度なものではないが、この２社の強みは世界中のベーカリーの特徴を熟知していることにある。ベーカリーの要求、嗜好の細部を徹底的に検討し、それに応じた製品を開発し、提供した。彼らの製品がベーカリーに満足を与えているかぎり、この分野に進出し、２社と競争すべく挑戦するメーカーは出現しにくい。

3つの「ニッチ戦略」

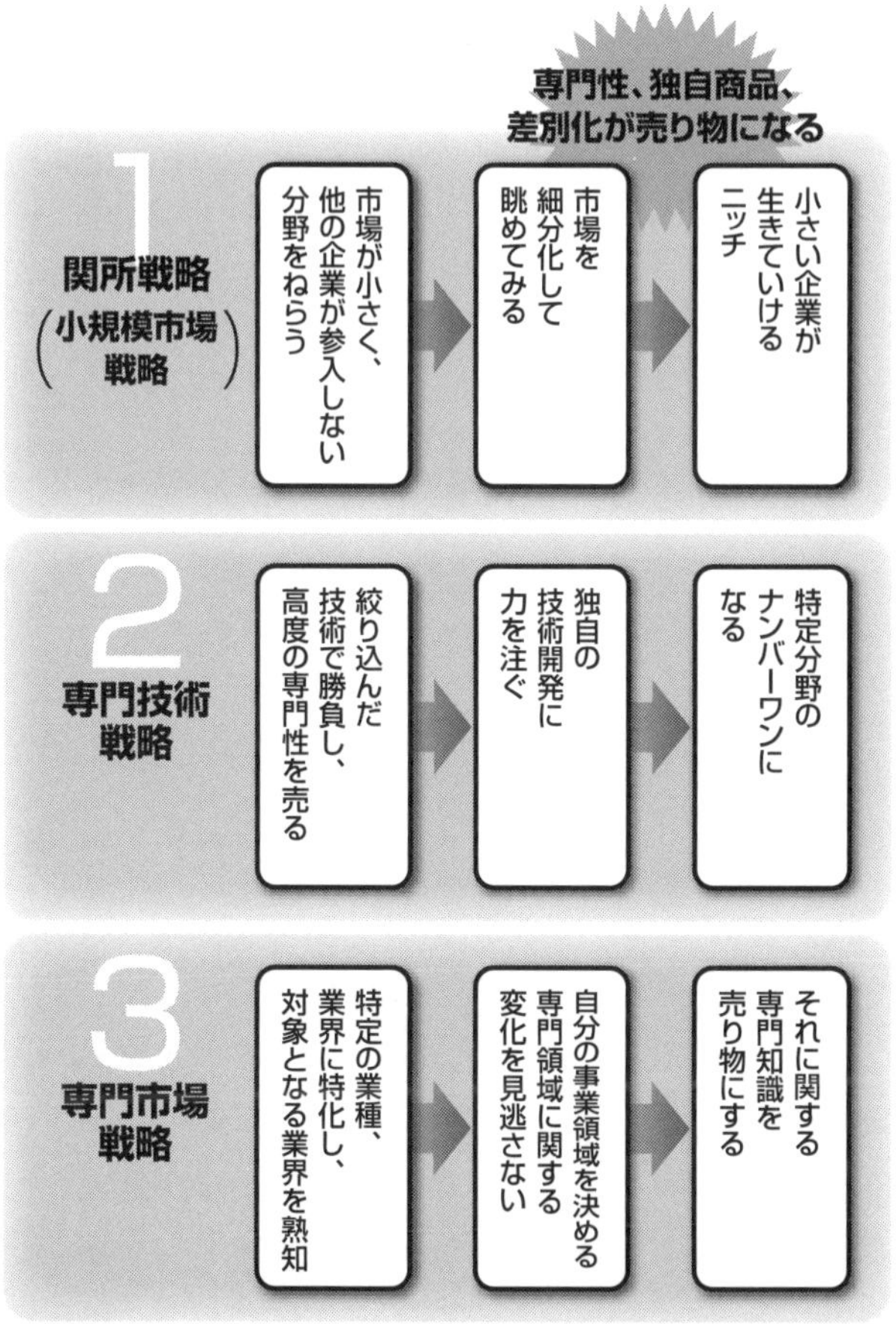
専門性、独自商品、差別化が売り物になる
1
関所戦略（小規模市場戦略）
市場が小さく、他の企業が参入しない分野をねらう
市場を細分化して眺めてみる
小さい企業が生きていけるニッチ
2
専門技術戦略
絞り込んだ技術で勝負し、高度の専門性を売る
独自の技術開発に力を注ぐ
特定分野のナンバーワンになる
3
専門市場戦略
特定の業種、業界に特化し、対象となる業界を熟知
自分の事業領域を決める専門領域に関する変化を見逃さない
それに関する専門知識を売り物にする

Keyword

通過しなければならない関所を設け、
専門技術と市場で成果をあげる。

23

市場アプローチ③「顧客創造戦略」

顧客創造戦略には、①効用戦略　②価格戦略　③事情戦略　④価値戦略の４つがある。

製品やサービスは昔からあるものでよい。顧客創造戦略は、その昔からある製品やサービスを新しい何かに変える。その効用や価値、あるいは経済的な特性を変化させる。

そしてこの４つの起業家戦略には１つの共通項がある。それはいずれも顧客を創造すること。この顧客の創造こそ、常に事業が目的とするものである。

『新訳イノベーションと起業家精神』（下）より

「効用」「価格」戦略のイノベーション

イノベーション自体を戦略にするのが顧客創造戦略である。それには次の4つがある。

①効用戦略

顧客が望むサービスを提供するのが効用戦略である。その昔、イギリスの郵便料金は受取人払いで、距離と重さで決められていた。近代的郵便制度を〝発明〟したヒルは、距離にかかわりなく料金を一律にし、前払いで印紙を貼るシステムを考えだした。その結果、値段は以前より90％も下がり、郵便制度は急速に普及していった。この場合、結果的に価格を下げる効果を生んだが、郵便が便利になるという効用を前提にした戦略であった。

②価格戦略

「ひげそり」の代名詞であるジレットは、かつて安全かみそりを販売していた。他社の刃が1枚1セントに対しジレットの刃は5セントだった。そこで一計を案じ、自社の刃しか使えないひげそり本体を設計し、安価で販売した。加えて安全性を高めて他社を圧倒する。かみそりではなく、「ひげそり」そのものに対価を支払うよう、価格戦略を展開したのだ。

「事情」「価値」戦略のイノベーション

③事情戦略

19世紀、アメリカの農民たちは農産物の収穫機を欲しがっていた。だが、農民には購入資金がない。収穫機の代金分の回収は2〜3年と見積もれるものの、農民に資金を貸し付ける銀行などなかった。そこで、代金を3年分割払いで販売するアイデアマンが登場する。こうして農民は容易に農機具を買えるようになり、「分割払いシステム」が誕生した。**顧客の事情を酌み取って、その都合に合わせて売る販売方式が、事情戦略**である。

④価値戦略

大型重機器などの潤滑油を販売している中堅企業が、土木業者所有の機械の年間メンテナンス計画と費用を提示し、潤滑油が原因となる年間稼働時間の損失を減らすことを保証した。土木業者にとって工期の遅れは、ときに大きなペナルティを科せられるほどの問題となる。それを防ぐため、潤滑油販売企業は、潤滑油を媒介として重機のスムーズな稼働という「安全」を売ったわけだ。「稼働時間の保証」という、一種の〝保険〟を売ることで成功を勝ちとった例だが、これも価値戦略の方式の1つである。

イノベーションを戦略にする「4つの施策」

従来ある製品やサービスを新しいものに変える。
効用や価値、経済的特性を変える。

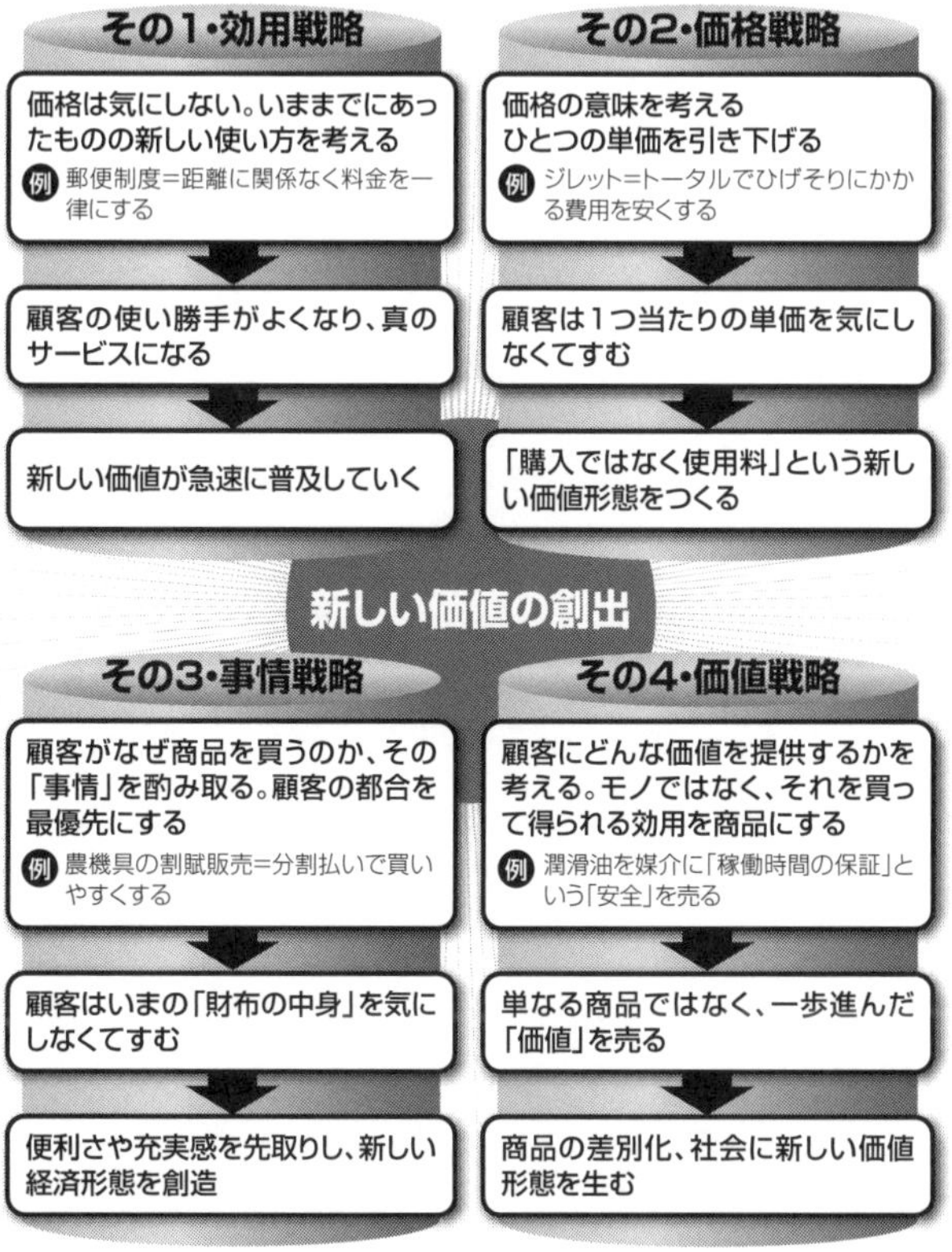

その1・効用戦略
価格は気にしない。いままでにあったものの新しい使い方を考える
例 郵便制度=距離に関係なく料金を一律にする
顧客の使い勝手がよくなり、真のサービスになる
新しい価値が急速に普及していく
その2・価格戦略
価格の意味を考える
ひとつの単価を引き下げる
例 ジレット=トータルでひげそりにかかる費用を安くする
顧客は1つ当たりの単価を気にしなくてすむ
「購入ではなく使用料」という新しい価値形態をつくる
新しい価値の創出
その3・事情戦略
顧客がなぜ商品を買うのか、その「事情」を酌み取る。顧客の都合を最優先にする
例 農機具の割賦販売=分割払いで買いやすくする
顧客はいまの「財布の中身」を気にしなくてすむ
便利さや充実感を先取りし、新しい経済形態を創造
その4・価値戦略
顧客にどんな価値を提供するかを考える。モノではなく、それを買って得られる効用を商品にする
例 潤滑油を媒介に「稼働時間の保証」という「安全」を売る
単なる商品ではなく、一歩進んだ「価値」を売る
商品の差別化、社会に新しい価値形態を生む

Keyword

**便利でコストパフォーマンスがよく、
ユーザー事情と商品付加価値を考える。**

COLUMN 3

現代の経営環境を俯瞰する！ドラッカー発明の「キーワード」

ドラッカーが本格的に「経営学」の研究に没頭し、精力的に著作を発表するのは1937年、27歳でアメリカに移住したあとのこと。1909年にウィーンで生まれた彼は、ヒトラーの弾圧を避けるためにまずイギリスへ、そしてアメリカに渡る。

その活力は晩年になっても衰えることがなかったといわれ、驚くことに、本格的な活躍はむしろ60歳を過ぎてからのこと。ドラッカーは60歳を迎える年に、その名声を不動のものにした『断絶の時代』を出版している。そして執筆した著作の数も、60歳を境にした前とあとでは、60歳から95歳のほうが多いのだ。

60歳といえば日本では還暦。少し前までは「そろそろ人生の幕引きを考える」といわれた時期だ。じつはドラッカーは誰よりも日本びいきだったそうだが、彼の活躍と軌を一にするように、日本でも「まだまだこれから」といわれるようになったことは、じつによろこばしい。日本の組織人も彼に負けず「生涯現役」の気構えを持って、いっそうの活躍を誓うべきだろう。

それはさておき、ドラッカーはその著書の中で、いまでは“一般用語”となっている経営用語をいくつも“発明”している。

たとえば、いまや新聞に載らない日がない「分権化」「民営化」「知識労働者」などの言葉。「コンサルティング」という用語も、いまのような概念に定着させたのはドラッカーの功績だといわれている。それだけでも、彼がいかに“社会生態”の解剖に大きな足跡を残した人物であるか、その偉大さがうかがえる。

第4章

人を動かす！ 13の原則

24

社員の満足が会社の成否を握る時代

ネクスト・ソサエティとは、ＩＴだけが主役の社会ではない。ＩＴは重要である。しかし、それはいくつかの重要な要因の１つにすぎない。
ネクスト・ソサエティをネクスト・ソサエティたらしめるものは、これまでの歴史が常にそうであったように、新たな制度、新たな理念、新たなイデオロギー、そして新たな問題である。

『ネクスト・ソサエティ』より

多様な人材を、いかに仕事で満足させられるか？

新しい価値観に基づく社会、つまり「ネクスト・ソサエティ」の誕生は、企業のあり方も変化させていく。

事業の発展要素は、これまでの社会のように、企業の内部から生まれるものではなく、他の組織や技術とのパートナーシップ、合併、提携、ノウハウ契約などからもたらされるようになってきた。事実、企業と大学の産学協同、国・自治体・研究機関などの公的機関と企業の提携など、異質の組織間の結びつきは、今日では当たり前になっている。その半面、いかなる製品やサービスも、市場を独占することが不可能になっている。

つまり、旧来のパラダイムが崩れた結果、新たな知識社会が誕生したのである。これは、いままでとはまったく別の組織社会である。しかも、組織は決して閉鎖的なものではなく、出入りも自由。場合によっては、雇用関係の有無さえ問われないかもしれない。

じつは、これらの**多様な組織形態に属する人たちを、いかに仕事上で満足させるか、それが今後の組織と社会の成否の鍵を握っている**といっても過言ではない。知識労働者は個性や普通の市民感覚を持つ重大な経営資源であり、彼らに最大限の満足を与え、人を引きつけ、最高の能力を発揮してもらうことが、これからの人事の中心課題になる。

生きることとは、いかに働き、いかに貢献するかということ

そのために、企業は次の点に留意しなければならない。

第一に、組織が何をしようとしており、どこに向かおうとしているか、目標と目的地を明確に提示すること。

第二に、それぞれに責任と生き甲斐を与え、職場の中で自己実現が果たせるように最大限の援助をすること。

第三に、その方法として、継続した学習の機会を与えることである。

「いまや、人間はいかに働き、いかに組織に貢献するかが重要で、それがいかに生きるかという問題に直結する」とドラッカーは語っている。そのためにも、企業や組織は効果的なマネジメントを志向しなければならない。繰り返すが、マネジメントとは、高度に専門的な知識を、他との協同作業によって価値に変えるための方法論だ。それはとりもなおさず、個人が社会への貢献を通じて、いかに自己実現をはかるかの方法論であり、実践論なのである。

社会と人間を重視するマネジメント

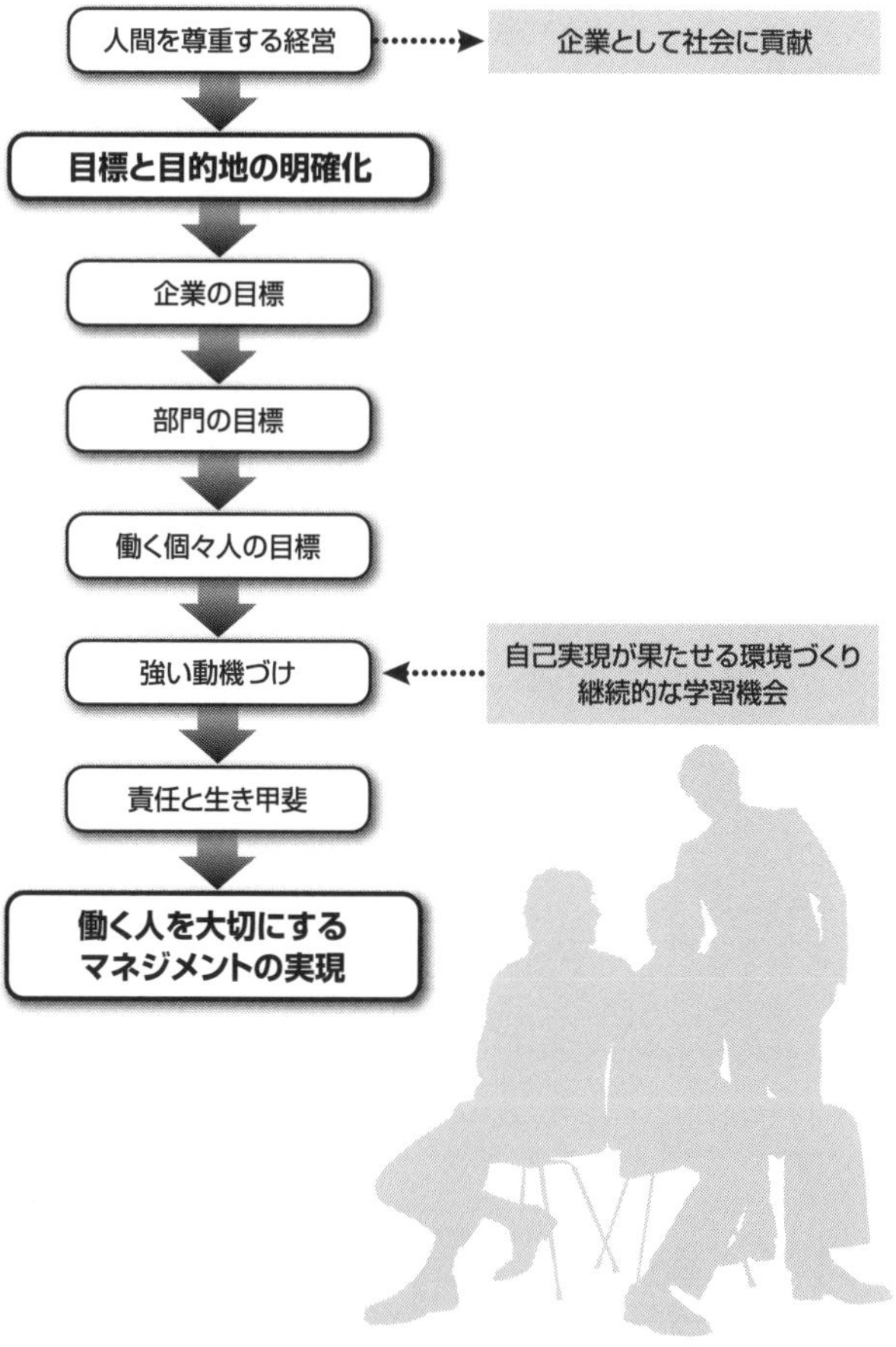
人間を尊重する経営
企業として社会に貢献
目標と目的地の明確化
企業の目標
部門の目標
働く個々人の目標
強い動機づけ
自己実現が果たせる環境づくり
継続的な学習機会
責任と生き甲斐
働く人を大切にする
マネジメントの実現

Keyword

知識労働者が満足を感じ、人を引きつけ、
最高の能力を発揮してもらうことが人事の課題

25

変化の時代にトップが設定すべき「6つの目標」

明確かつ焦点のはっきりした共通の使命だけが、組織を一体とし、成果をあげさせる。焦点の定まった明確な使命がなければ、組織はただちに組織としての信頼性を失う。

『ポスト資本主義社会』より

トップマネジメントの課題と任務

急激な社会変化の大きなうねりは、世界を大きく変えていく。そこで登場するのが「ネクスト・ソサエティ」である。そこでは当然ながら、トップマネジメントのあり方も劇的に変化していく。トップの役割は、会社の方針を策定するだけではない。市場の現状を的確に把握し、社会の動きを察知し、社員のやる気を引き出すように心がけねばならない。そして人員、生産手段、資金、開発や研究に費やす時間の4つを融合させ、バランスをとることが求められる。

そのためにトップは、まず目標を設定しなければならない。目標と目的地を設定するのだ。そして、その目標を実現するために人材や資源、生産や販売の手段を組織化して整備し、そのうえで、組織した人材にモチベーションを与え、円滑なコミュニケーションがはかれるように、組織風土を整備する必要がある。

投入した資源を生かし、価値を生み出すための目標設定

①計画。投入した資源を、より大きな付加価値がつくようにするにはどうするかについての

綿密な計画立案。この場合、いますぐに必要なものと、近い将来に必要になるものとに分け、それらを調和させることを考えなければならない。

②組織化。それぞれの資源の適正配分である。将来の利益も見据えて、事業の開墾や種まきをする必要がある。

③意識の醸成。会社全体にイノベーションの目標と目的地を浸透させる方法を、どのように実現していくか……である。

④統合。それぞれの意識の間に齟齬《そご》があれば、その原因を探り、調整し、統合していく。

⑤測定。目標によって、必要な能力が異なる。目標に応じた能力の発揮度合いを測定する。

⑥評価。個々の組織や個々人の目標への理解度を評価し、適正な報酬を与える。不備があれば是正していく。

このトップマネジメントが目指すのは、**「優れた個々人の確立」と、「その集合体としての組織の確立」である。**

「ネクスト・ソサエティ」では、トップの使命は、そうしたトップマネジメントを遂行することに尽きる。「それ以外のことはすべてアウトソーシングしてもいいくらいだ」と、ドラッカーは提言するほどである。

マネジメントの課題への対処

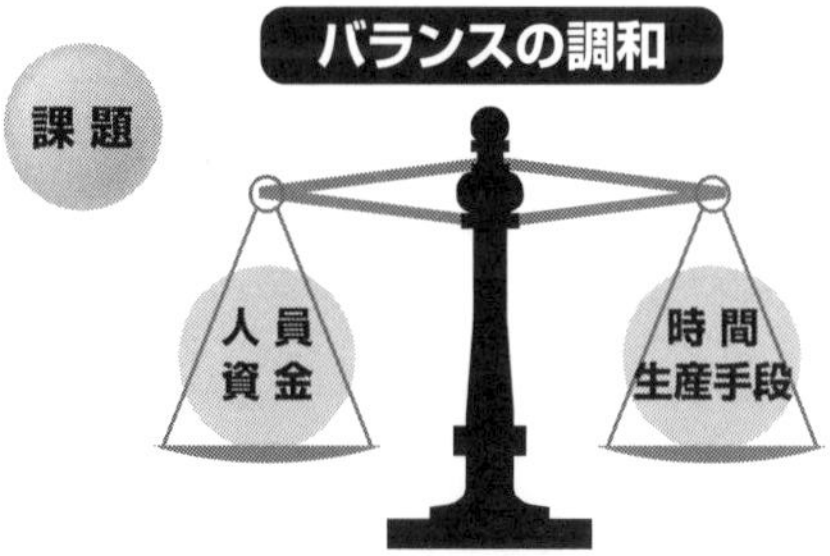

投入した資源を効率的に生かし、
より大きな価値を生み出すためにどうするか？

1. **計画**
綿密な計画立案
2. **組織化**
資源の適正配分
3. **意識の醸成**
イノベーションの目標と目的地の浸透
4. **統合**
齟齬の原因究明、調整、統合、コミュニケーション
5. **測定**
目標に応じた能力測定
6. **評価**
目標への理解度評価、適正な報酬

Keyword

トップマネジメントの役割は「優れた個々人の確立」と、

「その集合体としての組織の確立」。

26

生産性を向上させる人材配置の「5つの〝適〟」

知識労働者の生産性を向上させるための条件は、大きなものだけで6つある。

第一に、仕事の目的を考える。第二に、働く者自身が生産性向上の責任を担う。自らをマネジメントする。自律性を持つ。第三に、継続してイノベーションを行う。第四に、自ら継続して学び、人に教える。第五に、知識労働の生産性は量よりも質の問題であることを理解する。第六に、知識労働者は、組織にとってコストではなく資本財であることを理解する。

『テクノロジストの条件』より

社員の生産性向上をはかるために

これまでの社会は医師、弁護士、教師、会計士、エンジニアなどの高度の専門資格を持つ「知識労働者」がリードしてきた。しかし今後は、知的労働者と肉体労働者の間に位置する「テクノロジスト（高度技能者）」が大きなウエートを占めるというのがドラッカーの意見だ。

それはコンピューター技術者、ソフト設計者、臨床検査技師、製造工程管理者などで、彼らはプロフェッショナル、つまり専門職業人である。

彼らは実際には頭よりも手を使う時間のほうが長い人たちだが、その〝技能〟は、高度教育でなければ入手できない知識を基盤にしている。

知識は「専門化」してはじめて有効になる。個々人で専門化を深める方法もあるが、組織を媒介として力を発揮するのがはるかに有効なのはいうまでもない。たとえば、製品開発のコンサルタントは、その助言を取り入れて新製品開発に着手してくれる組織がなければ存在意義がなく、学校の教師も臨床検査技師も、あるいは看護師も同様だ。

継続的に学んでいくための「5つの〝適〟」

つまり、知識労働者として一人前になるには、まず知識を身につけるための学校教育があり、そのうえで、その知識を最新の状態に保つための継続的な教育が不可欠なのだ。知識は急速に陳腐化していく性格を持つため、定期的に新しい知識を吸収しなければならないからである。

したがって、**組織はテクノロジストを含む知識労働者の能力を引き出す環境を整備していかなければならない。**組織はテクノロジストを含む多分野の知識労働者を統合し、彼らそれぞれが持つ専門知識を共通の目標に向けるための集合体になる必要があるということだ。

これを端的に表す言葉が「適材適所」ということだが、じつはそれだけでは不十分で、次のページの「5つの〝適〟」が必要である。**「①適材：最も向いている人を」「②適業：最もふさわしいところに」「③適宜：必要なときに速やかに」「④適正価格：その人が納得する報酬で」「⑤適合：必要最大限の人数を」配置しなければならない。**

これらを可能にするのが教育訓練であり、専門知識の活用である。そして知識労働者は過去の実績や経験、地位で評価されるべきではなく、あくまで「彼ら個々人が自己の目標をどう管理しているか」で評価すべきというのが、ドラッカーの意見である。

生産性を向上させる人材配置の「5つの“適”」

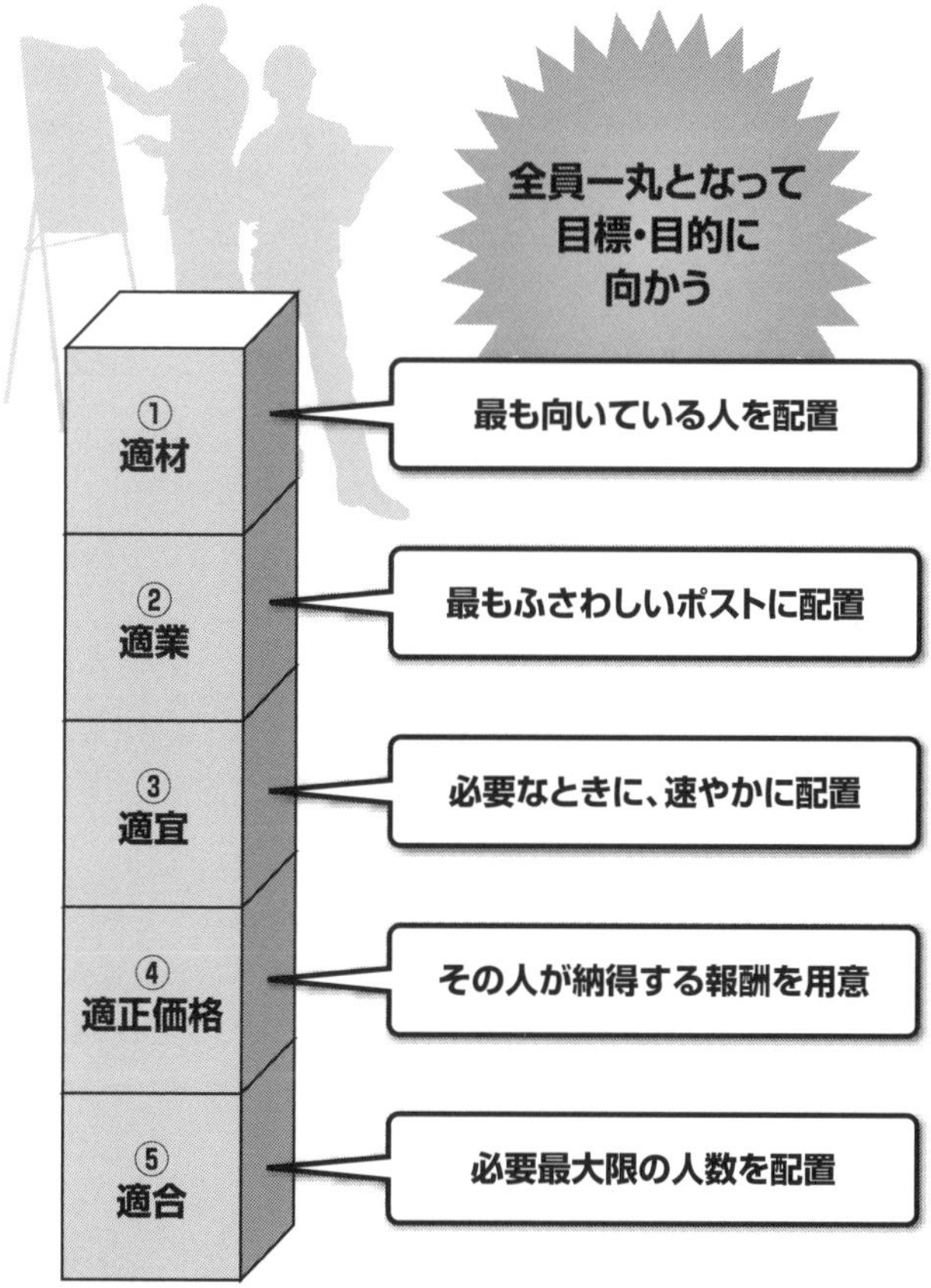
全員一丸となって
目標・目的に
向かう
①
適材
最も向いている人を配置
②
適業
最もふさわしいポストに配置
③
適宜
必要なときに、速やかに配置
④
適正価格
その人が納得する報酬を用意
⑤
適合
必要最大限の人数を配置

Keyword

組織は高度技能者が新しい知識を吸収し、
能力を引き出せる環境を整備をする必要がある。

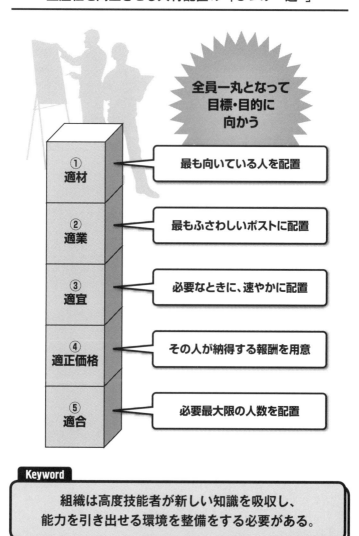

27

知識労働者を金で釣るのは逆効果

実際に仕事をしている人間こそが、何が生産性を高め、役に立ち、邪魔になるかをよく知っている。したがって、知識を持ち、技能を持つ者本人に対して責任を与えることが必要である。

『乱気流時代の経営』より

生産性向上と自己実現を両立させる

「知識労働者」という言葉からは、純粋に知識労働だけに携わる者という印象を受ける。しかし現代では、知識労働と肉体労働の双方に携わる者が多くいる。これを「テクノロジスト」と呼ぶことにする。技術者でありながら、きわめて高度な知識を駆使する存在だ。

では、こうした知識労働者の意欲を、どうやって高めていけばいいのか。つまり、どうやって彼らの生産性向上と自己実現の達成をはかるか、今後の経営ではそこが問われる。

報酬の多寡《たか》も重要だが、金で釣ろうとするのは逆効果。それは彼らのプライドを逆なでする。むしろ、「我々の組織にとってあなたが必要だ」というメッセージを発すること。知識労働者は自分自身のスキルに自信を持つので、「職場を替わってもやっていける能力」を自負している。そこで、彼らの能力を正当に評価し、「やりたい」という意欲を高めさせていくのだ。そのためには、前述したように、目標と目的地を明確に提示すること。知識労働者は、きわめて「自己実現欲」が強い人種なので、明確な目標と目的地が見えれば、それに到達することが自分の責任と考えるようになる。やがてそれが生き甲斐になり、「やる気」が増してくる。

大胆に権限を移譲し、責任を持たせる

知識労働者の意欲を向上させる具体的な方策について、ドラッカーは、まず「責任を持たせること」をあげている。**かなりの部分まで権限を移譲し、彼らのやる気にまかせる**のだ。

ただその代わりに、「給料にふさわしい貢献をしているか」をいつも考えさせるようにする。「役割や目標を知っているね、それを実現するために何をする？」と、問いかけるのだ。

次に、**知識労働者に〝本来の仕事〟をさせること。**たとえば、セールスマンが書類づくりに時間をとられていたり、研究者が会議に追われるような環境は改善する必要がある。

トップは、「会社の業務遂行体制が、個々人本来の仕事の邪魔になっていないか」「本来の仕事をするうえで必要な時間、情報、手段を会社は与えているか」を、いつも問いかけなければならない。

こういう体制が完備されれば、彼らは、自分の貢献度を自己評価するようになる。「自分は会社を変えるような貢献をしたか」を考え、「今後、どんな貢献を行うべきか」と発想していく。

そういう教育を施すのである。「貢献度を評価させ判断させなければ、彼らを貢献に向かわせることはできない」と、ドラッカーは語っている。

知識労働者を正しく処遇するには

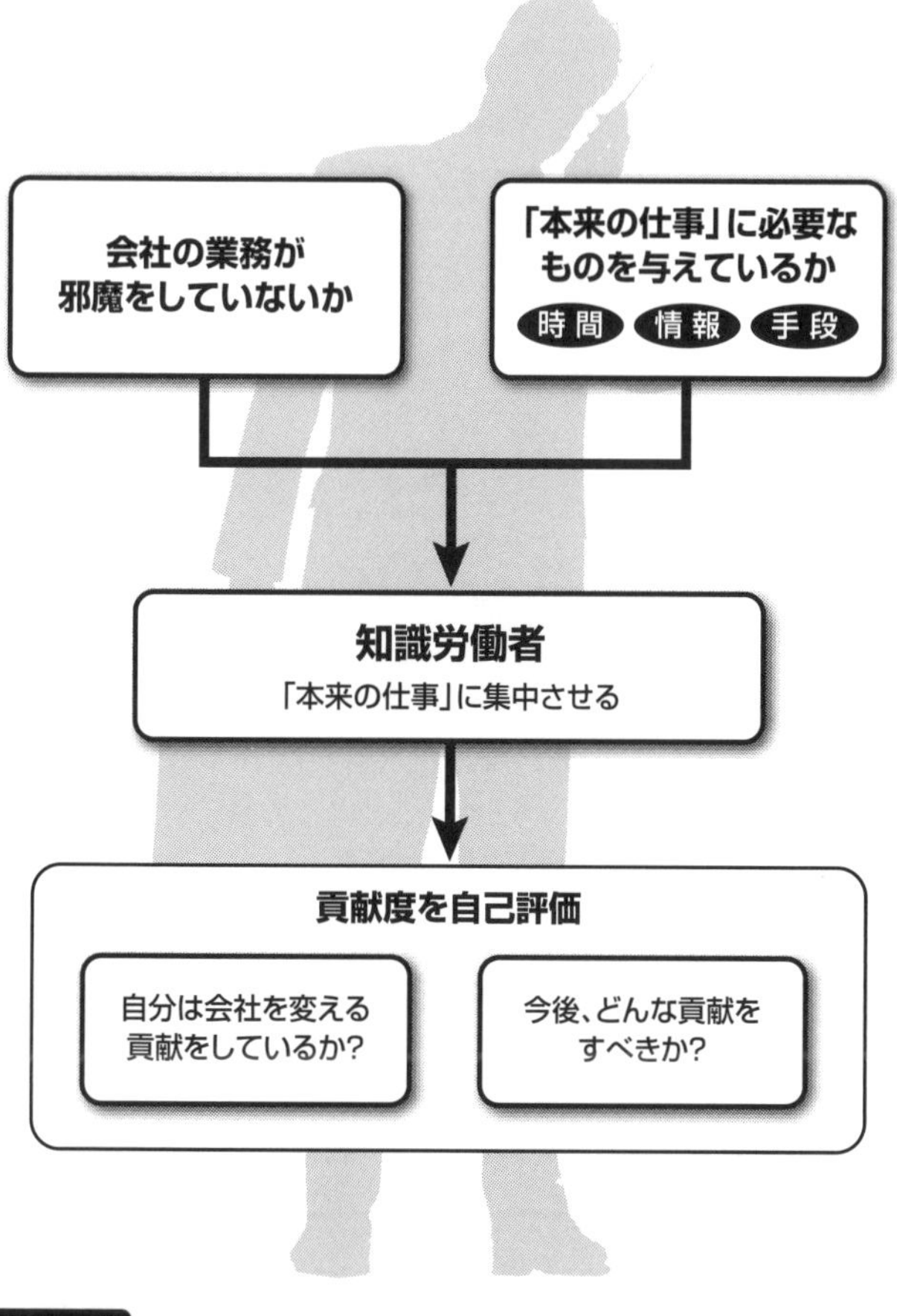
会社の業務が
邪魔をしていないか
「本来の仕事」に必要な
ものを与えているか
時間
情報
手段
知識労働者
「本来の仕事」に集中させる
貢献度を自己評価
自分は会社を変える
貢献をしているか?
今後、どんな貢献を
すべきか?

Keyword

知識労働者の意欲を高めるには、目標と目的地を明確にし、権限を移譲して責任を持たせる。

28

人材を生かす「4つの条件」

知識労働者が成果をあげている組織では、トップマネジメントが定期的に時間を割き、ときには新入社員に対してまで、「あなたの仕事について私は何を知らなければならないか？」「この組織について何か気になることはないか？」「我々が手をつけていない機会はどこにあるか？」「気づいていない危険はどこにあるか？」「この組織について私に聞きたいことは何か？」と、じっくり聞いている。

『経営者の条件』より

パートナーシップ確立の重要性

知識労働者に責任とやり甲斐を与えるには、**トップやリーダーが、周囲の知識労働者と上手にパートナーシップを確立していく必要がある。**ドラッカーは、そのための条件をあげている。

①トップと個々人が、常に「仕事の目的」を話し合い、考えていく。トップも個々人も、それぞれがなすべき仕事について、どうしたらそれに集中できるかについて、積極的に意見交換をしていく。まず、そうした組織風土を形成すること。

②働く個々人が生産性向上の責任を負い、自らをマネジメントしていく土壌づくり。「どのような貢献が可能か」をともに考え、一緒に取り組む努力をする。

たとえばＡＴ＆Ｔでは１９２０年代はじめ、顧客からの苦情が大きな問題になっていた。同社は、それが電話の架設や修理にあるのではないことを確かめると、「顧客満足」を最優先課題に据えた。そして「すべての苦情は48時間以内に処理する」体制を整え、電話工自身に理論的知識を与え、電話や交換機、電話網の仕組みを教え、どんな問題に対しても原因を探り、対処できるように訓練したのである。やがて彼らは、電話機をどこへどうつなぐか、どこにどんな電話機が適しているかが判断できるようになり、優秀な電話工であるだけでなく、優秀なセールスマンに変身していった。

生産性は量より質

③個々人のイノベーション精神を大切にすること。絶えず自分の仕事を見直し、「どう改善したらいいか」を考えていく。自分が継続して学び、他人にも教えていくことだ。

AT&Tが、電話工それぞれの仕事ぶりの基準を「顧客満足」にしたのは、どうしたら顧客が満足するかを彼らに考えさせ、彼ら自身に自分の仕事の質を管理させることにしたのである。

④知識労働者の生産性は量よりも質の問題であることを理解すること。ただ単に仕事のノルマをこなせばいいというものではなく、むしろ仕事の質、コストについて、どうすれば改善できるかを、どうすれば責任が持てるのかを検討し、判断する習慣をつけさせる。

そして、この①～④を判断する材料を提供する意味で、企業や組織の「意思決定」の手順を明らかにしておくことも大切だ。やるべきことがたくさんある場合、〝どれをやるのが正しいのか？〟がわからなければ、正しい方向には進めない。これは組織全体の問題でもあり、同時に、社員個々人が自分に問いかける問題でもある。

知識労働者を“その気”にさせる条件

知識労働者

❶ いつも「仕事の目的」について話し合う

❷ 個々人が自らマネジメントを行う仕組み

❸ 個々人のイノベーション精神を大事にする

❹ 生産性は「量」より「質」であることを徹底

そのために意思決定の手順を明らかにしておく

①問題を分類する。
目の前に横たわる問題が、「何が原因なのか」によって分類する。

②影響を探る。
「どんな影響を及ぼすのか」を考える。

③解決策を考える。
解決策は1つではないはず。考えられる限りの策を考え、その中からベストを選択。意見を出し合い、意見の対立を利用すれば、最善の解決策が出てくる。

④行動手段を考える。
その方策は、どうしたら実行可能になるかを考える。

⑤実行する。
意見の対立があっても、お互いに議論した結果なら、みんなが考え、実行する。大事なのはこの点である。

Keyword

知的労働者が自分で自分の目標を見つけ、管理する。トップの役目はその土壌づくり。

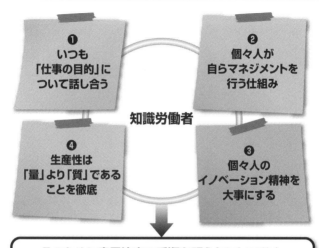

29

やる気を引き出す「4つのマネジメント」

マネジメントのほとんどが、あらゆる資源のうち人が最も活用されず、その潜在能力も開発されていないことを知っている。

だが人が資源といいつつも、人のマネジメントに関する従来のアプローチのほとんどが、人を資源としてではなく、問題、雑事、費用、脅威として扱っている。

『「マネジメント」エッセンシャル版』より

パートナーとして積極参画させる

経済学では、労働者を「コスト」に分類する。自らが生産手段を持たないという理由からだ。しかしドラッカーは、彼らの貢献を引き出すために**トップやリーダーは知識労働者を「資本財」として遇せよ**と提言する。

コストだとすると、それを管理し、削減する努力が必要になるが、資本財であるとすれば、価値を高める方策を講じねばならない。つまり彼らにやる気を起こさせるということだ。

そこで、トップマネジメントが心得ておくべきことが4つある。

個々の活動を成果に集約するために

①真の意味での人材の登用。

人が最も生き生きしているのは、自分が組織に貢献していると感じるときだ。トップマネジメントは、彼らにきちんとした地位と権限を与え、価値観を満足させなければならない。

②水準の高い仕事を与える。

知識労働者はチャレンジの機会、目標の達成、自己実現を大事にする。つまり、自らが「成果を実現できる環境にいる」という気持ちを充足させることが重要になる。トップは「彼らが何を望むか」を克明に把握し、できるだけ希望を聞き、彼らの気持ちを満足させる高い水準の仕事を与えねばならない。

③自己管理に必要な情報を与える。

人間のモチベーションが高まるのは、「自分はここに不可欠」という意識が強まったときだ。そこで、できる限りの情報を彼らに与え、「きみはチームの一員だ」という気持ちを植えつける。経営環境の実際、会社の決算内容、事業の進捗状況、ライバル他社の動向などオープンにしていい情報はできるだけ開示する。これにより、高度な知識労働者であればあるほど、組織や業務の中で自分の位置を当てはめ、自分がどんな貢献を果たしているかを冷静に判断し、客観的自己管理につながっていく。

④意思決定への参画。

人間が最もやる気を起こすのは、自分の意見が取り入れられたときだ。積極的に発言して取り組むのと、いやいや取り組むのとでは、意気込みが変わってくる。たとえ意見が採用されなくても、積極的に意思決定の場に参画したら、一生懸命に運営に努力するはずである。

知識労働者が持つ「資本的価値」を引き出すために

①人材として登用する

地位と権限を与えて
価値観を満足させる

②水準の高い仕事を与える

高い成果を実現できる
環境にいることを自覚させる

③自己管理に必要な情報を与える

経営環境、決算内容、事業の進捗状況、
ライバル他社の動向などの情報は
包み隠さない

④意思決定に参画させる

いい意見なら
積極的に取り入れてまかせる

Keyword

知識労働者の貢献を引き出すためにトップやリーダーは、
彼らを「コスト」ではなく、「資本財」として遇す。

30

個々の仕事から最大の成果を引き出すには？

働く者に働き甲斐を与えるには、仕事そのものに責任を持たせなければならない。そのためには「生産的な仕事」「フィードバック情報」「継続学習」が不可欠である。

しかしこの３つは、マネジメントだけが一方的に取り組むべき課題ではない。実際に仕事をする者自身が始めから参画しなければならない。すると、仕事、プロセス、道具、情報についての彼らの知識、経験、欲求が、仕事のあらゆる段階において貴重な資源となる。

『「マネジメント」エッセンシャル版』より

「参画する」意識を大切に育てる

ドラッカーはマネジメントの責務として、「目標と目的地」の明確な提示を繰り返して語る。それは「共通の目標」がなければ、個々人の働きを協働のエネルギーにまとめ、パワーに変えていくことができないと、考えているからである。

「マネジメントとは、自らの行動によって全体の責任をとる者、つまり石を切ることによって教会を建てる者のことである」と、ドラッカーは語っている。

つまり、**「一人ひとりの目標が明らかになってこそ、全社共通の目標が達成できる」**ということである。目標とは究極的に、自分たちの部門がいかに成果をあげるか、ということであるが、それは必ずしも、自分たち自身が直接利益をあげるということだけではない。他の部門を支え、あるいはフォローするという「貢献」という要素も含まれる。

そこで、どうしたらそうした貢献が可能になるかをよく考え、それを実行に移すこと、それが企業に属する個々人の「責任」ということになる。

責任とは、現代風の言葉でいえば「参画」だ。個々人の目標は、それぞれの好みからではなく、組織の客観的なニーズに基づいて設定される。そして個々人は組織の一員として、それを理解し、自分たちの部門だけでなく、上位部門の目標設定に対しても「積極参画」し、成果をあげるという意識を持つ必要がある。

つまり**積極参画とは、「自分に求められるものは何で、なぜそれが求められるのか」を熟知し、それに基づいて行動すること**である。

下から上へのコミュニケーションで「相互理解」を

これを繰り返していくと、やがて「自らの成果は何を基準に、いかに評価されるか」を考えるようになる。個々人にこの意識が浸透すれば、上司も「部下に何を期待すべきか、どの程度厳しい要求を課すべきか」の判断が可能になっていく。

要するに、「参画」とは組織全体、あるいは上司と部下が「共通の方向づけ」をし、「誤った方向づけをなくす」ためのステップだと考えればよいだろう。

これを支えるものが「相互理解」であるが、それは上から下へのコミュニケーションでは得られない。それを可能にするのは「下から上へのコミュニケーション」であり、「上司が進んで耳を傾ける意思」であり、「部下がよろこんで話を聞くシステム」がある環境でしかない。

「積極参画」の効用

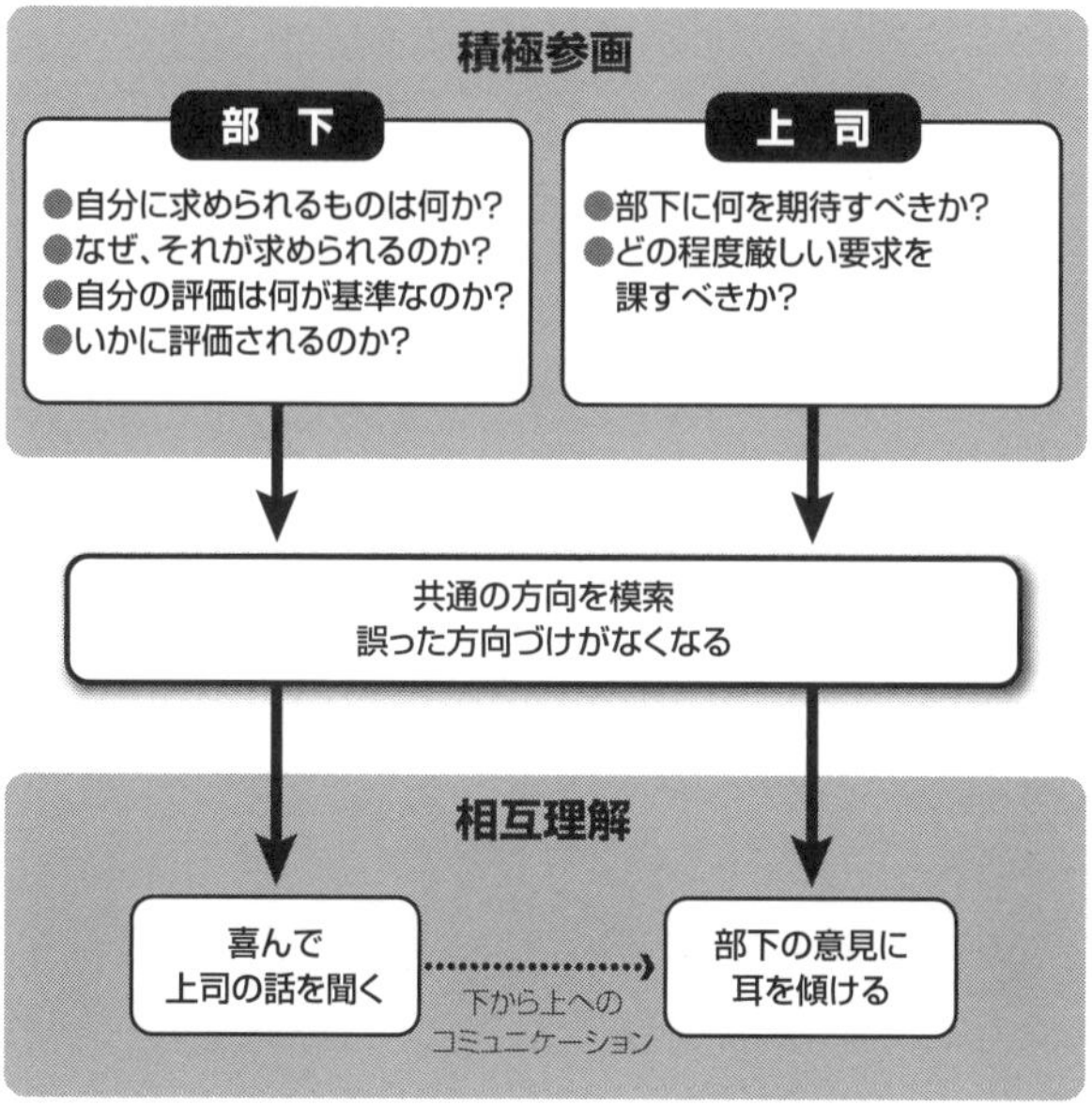
積極参画
部　下
●自分に求められるものは何か?
●なぜ、それが求められるのか?
●自分の評価は何が基準なのか?
●いかに評価されるのか?
上　司
●部下に何を期待すべきか?
●どの程度厳しい要求を
課すべきか?
共通の方向を模索
誤った方向づけがなくなる
相互理解
喜んで
上司の話を聞く
下から上への
コミュニケーション
部下の意見に
耳を傾ける

Keyword

貢献、参画意識を育てる経営風土づくりが
最大のトップマネジメント。

31

部下は「自分が聞きたい」ことしか聞き取らない

仕事に焦点を合わせた関係において成果がなければ、温かな感情や心地よい会話も無意味である。貧しい関係のとりつくろいにすぎない。逆に、関係者全員に成果をもたらす関係であれば、失礼な言葉があっても壊れることはない。

『経営者の条件』より

上意下達はコミュニケーションではない

「コミュニケーションは、マネジメントの原点だ」と、ドラッカーは語る。しかしコミュニケーションは長い間、省みられてこなかったという。なぜなら、これまでは経営トップから従業員へ、上司から部下へという、「下方へのコミュニケーション」ばかり考えられていたからである。だが、「コミュニケーションは知覚であり、期待であり、要求であり、情報とは違う」とドラッカーが記しているように、コミュニケーションには〝受け手〟の能力や意思が重要になる。どんなに優れたメッセージであっても、受け手に聞く意思がなければコミュニケーションは成り立たない。したがって、従来のような「上意下達」は、真のコミュニケーションとはいえない。**「上司が部下に対して能弁になろうとするほど、部下は聞き違える」**とドラッカーは指摘しているが、部下は、「自分が聞きたい」と期待していることしか聞き取らないものである。

これでは「相互理解」など、とうてい不可能だ。そこで「下から上へのコミュニケーション」が不可欠になる。そこには「上司が進んで耳を傾ける意思」が必要となり、「部下がよろこんで話を聞くシステムづくり」が急務となる。

パートナーシップを生む横のコミュニケーション

上司が部下とコミュニケーションをとる場合は、「組織や上司は、部下（であるあなた）に、どんな貢献を期待しているか」「それに対して上司はどんな責任を持つべきか」「あなたに期待すべきは何か」「あなたの知識や能力を最大限に活用できる道は何なのか」を聞くこと。これくらい率直に話を聞いてはじめて、コミュニケーションが可能になる。

これは対等の立場のコミュニケーション、「横のコミュニケーション」ともいえる。

上意下達のコミュニケーションは、命令と服従の関係を基本とするので、本当の意思疎通はできない。これに対し、**「横のコミュニケーション」は、部下への理解につながり、部下も上司を理解するようになる。すると有意義なパートナーシップが誕生する。**

個人の活動は、誰かがそれを利用してくれなければ、成果に結びつかない。成果を生み出したいと熱望する人間ほど、「私の知識を活用して一緒に働いてくれる人はいないか？」と考えるものだ。対等の立場で、知識の連鎖と結合のために働いてくれる相手を探しているのだ。

したがって、横のコミュニケーションを中心にチームワークが生まれれば、知識のネットワークが形成され、成果に結びつきやすくなるはずだ。

横のコミュニケーション

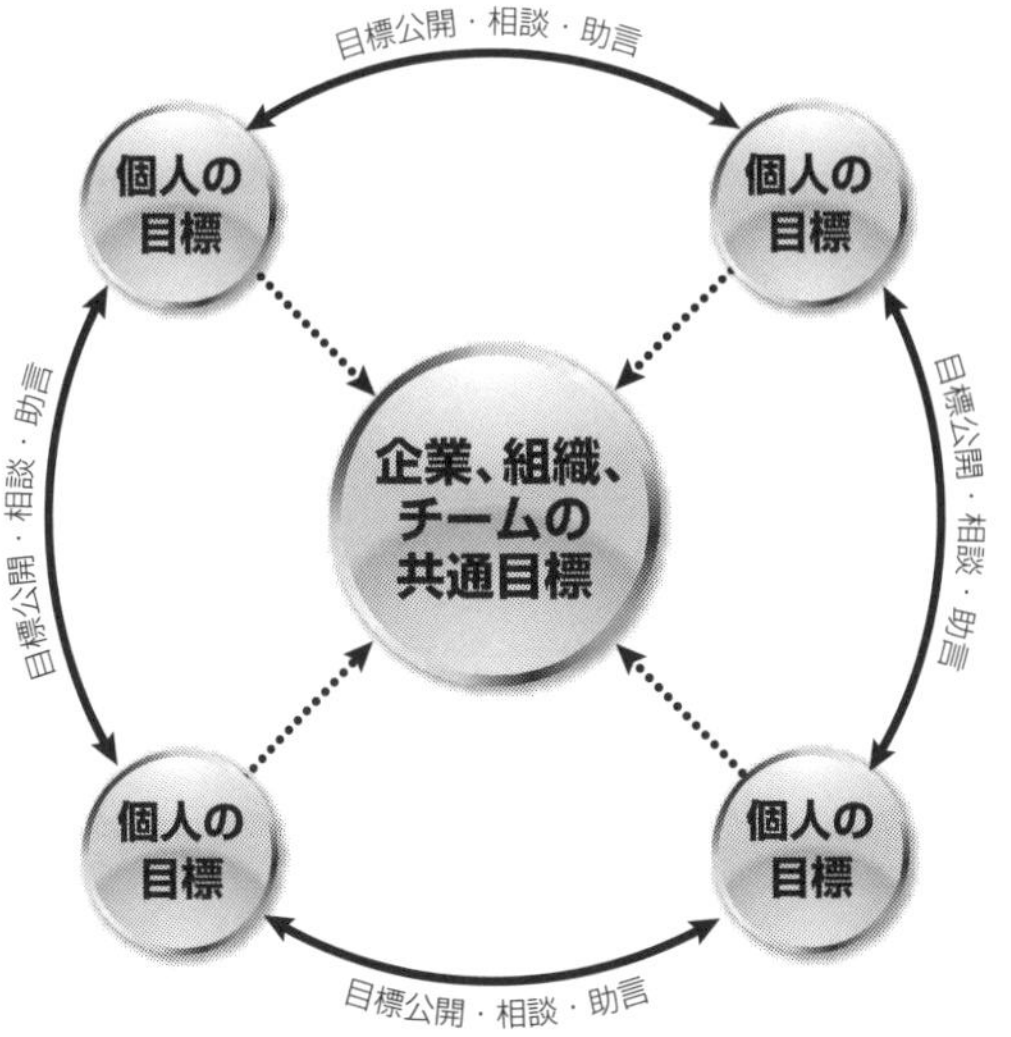
目標公開・相談・助言
個人の目標
個人の目標
目標公開・相談・助言
企業、組織、チームの共通目標
目標公開・相談・助言
個人の目標
個人の目標
目標公開・相談・助言

**お互いの目標を持ち寄り、相談、助言によって、
より洗練されたコミュニケーションが生まれる**

**上司と部下、または職域の
垣根を越えたネットワークが生まれる**

**モチベーションが高まり、
組織の「強み」が発揮される**

Keyword

**「上意下達」は、真のコミュニケーションではない。
対等の立場での「横のコミュニケーション」が必要。**

32

上司と部下がわかり合うための「4つの原理」

コミュニケーションの前提となるのは目標管理である。目標管理の目的は、上司と部下の知覚の違いを明らかにすることである。

たとえば、上司と部下が同じ事実を違ったように見ていることをお互いに知ること自体が、コミュニケーションである。部下はこの経験から上司を理解する。

すなわちコミュニケーションが成立するには、経験の共有が不可欠だということである。

『「マネジメント」エッセンシャル版』より

トップダウンよりパートナーシップを重視する

「コミュニケーションは知覚であり、期待であり、要求である」とドラッカーはいう。**コミュニケーションは単に情報を伝えることだけでなく、相互依存関係を確立すること**だというわけである。そこで彼は４つの原理を提唱する。

第一に、コミュニケーションを成立させたければ、聞き手を大事にせよということ。相手に熱心に聞いてもらわなければ、コミュニケーションは成立しない。したがって上司たるもの、部下など受け手の考え方と、その背景を知らなければならない。

第二に、人間は自分が期待するものだけを知覚するという事実。だから人間は、自分が期待していないものには反発する。これはコミュニケーションの大きな障害になる。そこで、受け手が何を期待しているかを知っておくことが大事になる。もし、相手の期待に反することをいわなければならない場合は、相手に〝予期せぬ事態〟であることを納得させるため、より強いショック療法や、あるいはショックの中和策なども準備しておく必要がある。

第三に、受け手の全面降伏を要求しないこと。コミュニケーションは、受け手に「何かになること」「何かをすること」「何かを信じること」を要求する。それは受け手の価値観や欲求、目的に合致したときには実に有効であるが、万が一合致しない場合は、強烈な抵抗にあうことも予想しておかなければならない。したがって、一足飛びに効果が生まれるのを期待しないこと。根気よく続けることが大事になるのだ。

第四に、コミュニケーションと情報は別のものだと考えておくこと。この2つは「依存の関係」にあるが、情報はある種の〝記号〟にすぎないので、情報の受け手がその記号の意味を把握していなければ、その情報が活用されるどころか、受け取ってもらうこともできない。したがって情報の送り手と受け手の間には、事前に何らかの了解、つまりコミュニケーションがなければならない。

反対に、必ずしも情報がなくてもコミュニケーションは成立する。コミュニケーションはきわめて動物的な行為なので、必ずしも論理の裏付けを必要としないからだ。つまりコミュニケーションに必要なのは知覚や感情であって、必ずしも情報でなくてもよいと考えておくことだ。

要するに、コミュニケーションでは個々人、上司と部下の知覚方法の差を明らかにすることが、最重要になるということを知っておいてほしい。

人間の感覚は千差万別なので、同じ事実を見ても違った感覚を持つ。たとえばAという事実に対して、素直にAと見るか、それともBと判断するかは人それぞれである。しかし、Bとい

コミュニケーションを成立させる原理

①聞き手を大事にする。相互依存関係であることを念頭に
▼
受け手の考え方と背景を知っておく

②受け手が何を期待しているかを知っておく
▼
ショックの中和策を用意しておく

③一足飛びの効果を期待しない。根気よく続ける
▼
強烈な抵抗にあうことも予想しておく

④コミュニケーションと情報は別だと考えておく
▼
必要なのは知覚や感情。必ずしも論理は必要ない

Keyword

コミュニケーションとは、個々人、上司と部下の知覚方法の差を明らかにすること。

う見方が間違っていることは、上司も部下も認識できるはずだ。この点を相互に正していくことが、最も価値あるコミュニケーションなのだ。

こうしたコミュニケーションを繰り返すことによって、部下は、上司が考える意思決定の方向、優先順位の問題、「やりたいこと」と「やらないこと」の選択など、上司が抱えている問題を理解していくはずである。その結果、「自分はどんな貢献をすべきか」を、ともに考えていくことができるようになる。

33

強い組織では下から上に情報が流れている

生産性向上のための最善の方法は、他人に教えさせることである。知識社会において生産性の向上をはかるには、組織そのものが学ぶ組織、教える組織とならなければならない。

『ポスト資本主義社会』より

フラットな情報型組織が主流になる

ドラッカーは、社会、組織、個人の各分野にわたるマネジメントを生涯の研究テーマとした。中でも大切にしたのが個人のマネジメント、つまり「セルフ・マネジメント」である。

その背景には、ドラッカーの世界観がある。まず、情報化が進展し、価値観が多様化する社会では〝仕事の場〟が変化することを彼はいち早く察知した。そのうえで雇用関係も「命令と服従」より「個人の自由裁量」による部分が大きくなり、マネジメントの形態も「管理」から「個人の責任意識」に移行していくと予測した。組織の要諦《ようたい》を成す「リーダーシップ」の概念も、当然変化していく。ドラッカーは21世紀型の組織を「情報型組織」と定義した。

これは従来のような「縦型ピラミッド組織」ではなく、平らで、「マネジメント階層が圧倒的に少ない組織」である。この形がこれからの主流になるとドラッカーはいう。

ある大手多国籍企業が情報型に組織改正をしたところ、従来の12の階層のうち、7つを廃止することができたという。廃止された階層は、権限の面でも、意思決定の面でも、管理の面でも、たいした有効性を発揮しておらず、単なる情報の中継器にすぎなかったそうだ。単なる情報の中継器なら、経営管理者などというあやふやな存在や調整を主とする補佐職よりも、パソコンのほうがよほど優れていると、ドラッカーは喝破《かっぱ》している。

コミュニケーションは下から上に向かい、再び下に向かう

情報型組織は、必ずしも先端的な情報技術を必要とせず、必要なのは「誰が、どのような情報を、いつ、どこで必要としているか」を問う強い意思だという。従来の多くの組織では、報告を受けることを主たる仕事とする管理職が情報を握り、必要な部署に必要な情報が行き渡らなかった。しかしこれがフラットになれば、情報入手が容易になり、情報が成果に結びつく。

また情報型組織は多様性の固まりでもある。たとえば、同じ組織構造の中に既存のものを最適化するマネジメント部門と、既存のものを廃棄し新たに創造する起業家部門が同居している。マネジメントとイノベーションの情報交流で、相互の戦略がマッチしやすくなる。

従来型の組織は、あたかも軍隊のように「指揮系統それぞれの権限」を基礎とし、コミュニケーションは上意下達の構造であった。しかし、**情報型組織は「個々人の責任」に基礎を置くもので、コミュニケーションの流れは「下から上に向かい、再び下に向かう。そうして循環する」**ものだと、ドラッカーはいう。

ドラッカーが分類する組織の構造

ピラミッド型組織

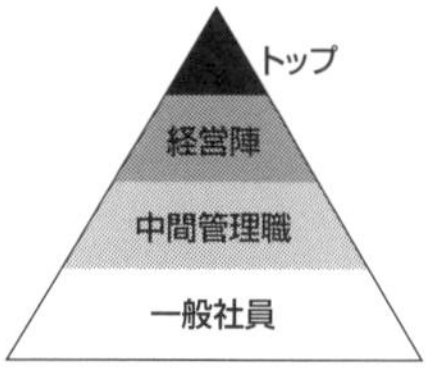

仕事を技能別、段階別に分類し、組織化

メリット　明快で安定的

デメリット　目標が見えにくい。縄張り意識が強くなる

チーム型組織

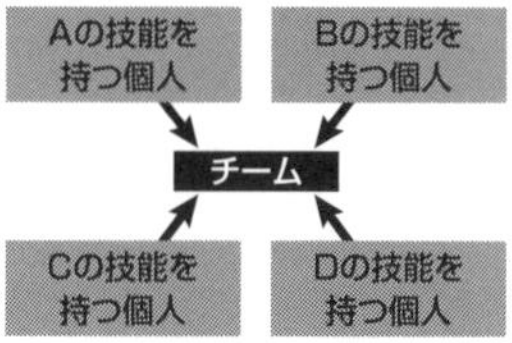

異なる技能を持つ個人が集まってチームを構成。1つのプロジェクトを推進

メリット　柔軟な発想が可能。個々人が目標を把握しやすい

デメリット　安定性に欠ける。他部門との意思疎通がしにくい

分権型組織

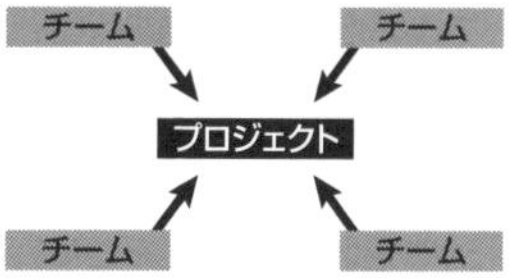

それぞれが独自の権限と任務を持つ組織が集まってプロジェクトを編成

メリット　プロジェクトの目標を把握しやすい

デメリット　縄張り意識が強くなる。トップマネジメントとの関係、命令系統が曖昧になる

システム型組織

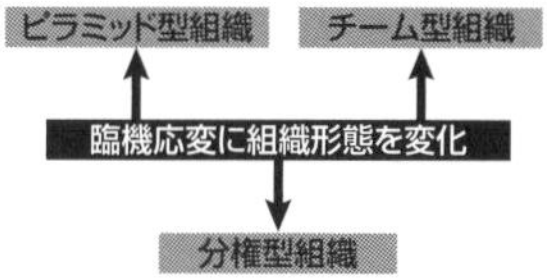

必要に応じて人員を選択、課題に合わせてそれぞれの組織形態を踏襲

メリット　臨機応変に形態や資源を統合できる

デメリット　どの形態を採用するかが不明確。どこで意思決定されるかが曖昧

Keyword

情報が成果に結びつく情報型組織では、誰もが、必要なときに、必要な情報を受け取ることができる。

34

オーケストラに学ぶ「情報型組織」のつくり方

従来の組織は軍隊をモデルにしている。ところが情報型組織は、オーケストラに似ている。すべての楽器が同じ楽譜を演奏する。受け持つパートは異なる。いっせいに演奏するものの、同じ音を合奏することはめったにない。オーケストラは、一晩に、演奏方式も楽譜もソロの楽器もみな、まったく異なる曲を５つも演奏する。

『プロフェッショナルの条件』より

オーケストラとソロのハーモニー

ドラッカーは情報型組織を「オーケストラとソロ」になぞらえて説明する。オーケストラは、たとえば同じヴァイオリンのパートでも、誰が特定のリーダーということはなく、相互が協調し合ってハーモニーを奏でる。これを企業になぞらえると、楽譜が「共通の目標」と考えられる。個々の楽団員は楽譜に沿って〝美しい音楽〟を奏でようと努力する。これが「貢献」だ。

そんな一糸乱れぬ演奏は、個々のソロ演奏家の技量に支えられている。「この曲の流れの中で、自分がどの楽譜に沿って、どこで、どのように音を醸し出せばよいか」をみなが熟知しているからこそ、完璧な演奏ができるのだ。これを企業に当てはめてみよう。

①自分に期待される貢献と業績は何か
②自分はどんな責任を負っているか
③自分がやろうとすることを誰と協力し合えるか
④誰に知識や技術を教えてもらうか
⑤誰を助けるべきか
⑥誰に助けを求めたらいいのか

などを考えていくということになる。じつはこれが「リーダーシップの本質」なのである。

リーダーシップは自己規律と責任感の上に成り立つ

日本人はとかく、組織というと軍隊型を想像するためか、リーダーシップというとリーダーが自分の意のままに部下を引っ張っていく姿を想像する。しかし、真のリーダーシップは、現場からトップまでの自己規律と責任感の上に成り立つ。オーケストラの団員は常に見事なハーモニーが奏でられるよう、日頃から鍛錬している。コンダクターやコンサートマスターは、個々の技量を見極め、美しいハーモニーを奏でるようリードする。これがリーダーシップだ。

ただし、オーケストラのように、楽譜はあらかじめ指揮者と演奏者に渡され、目標が明確になっている場合と異なり、企業は状況の急変に対処しなければならない場合が多い。

情報型組織では、全員が明確に合意した目標、つまり楽譜を手がかりに演奏するが、たとえば曲の途中で急に変調しなければならなくなったとき、それに適応する「技量」が求められる。技量を磨くのは、日々の努力と自己管理だ。だからドラッカーは、**「情報型組織を統合するのは的確な目標設定と高度な自己規律であり、それがリーダーシップの本質」**と断言するのだ。

具体例・オーケストラにおけるソロの役割

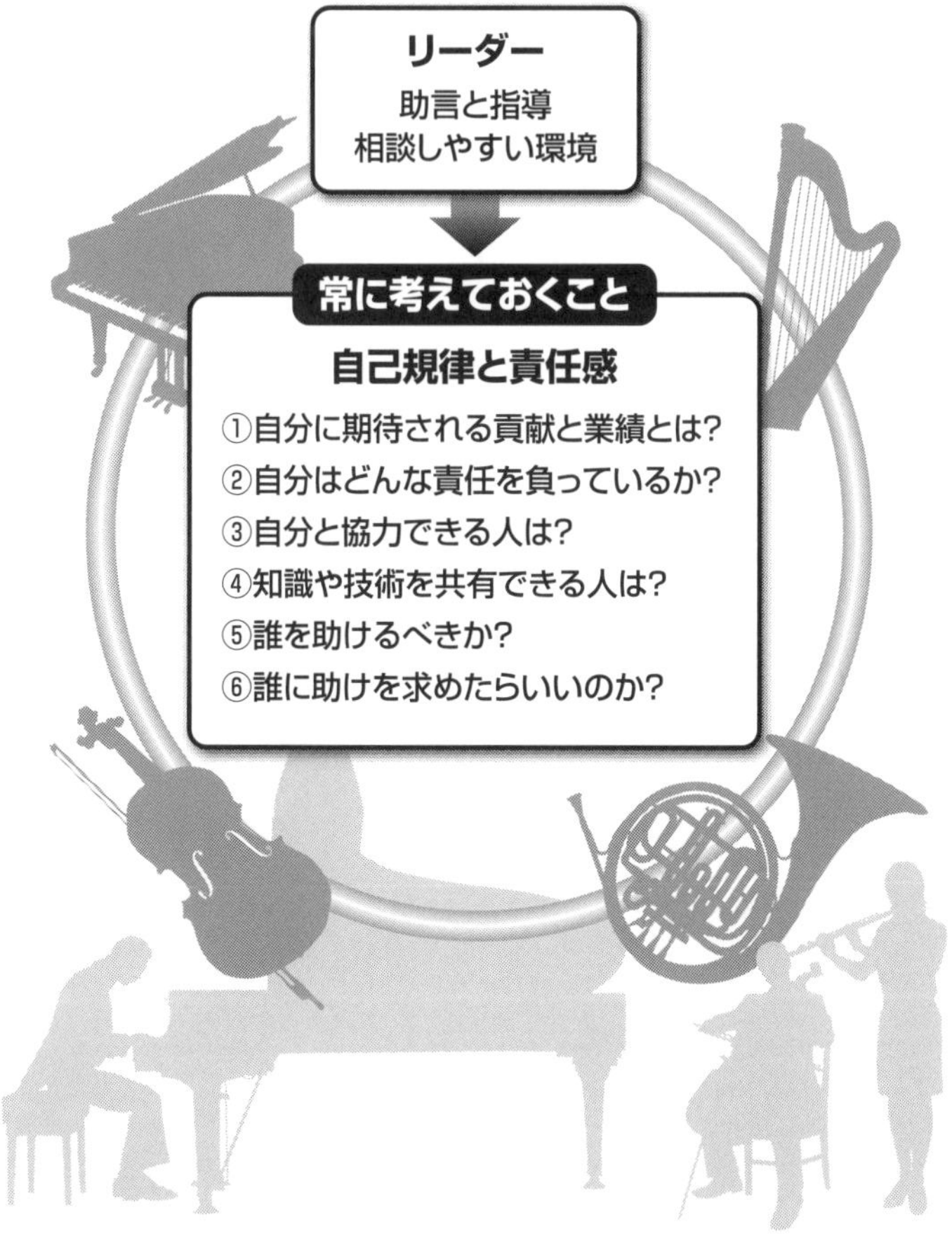
リーダー
助言と指導
相談しやすい環境
常に考えておくこと
自己規律と責任感
①自分に期待される貢献と業績とは?
②自分はどんな責任を負っているか?
③自分と協力できる人は?
④知識や技術を共有できる人は?
⑤誰を助けるべきか?
⑥誰に助けを求めたらいいのか?

Keyword

的確な目標と高度な自己規律が、
組織への貢献を支える。

35

リーダーに「カリスマ性」は必要ない

リーダーシップは、いわゆるリーダー的資質とは関係ない。カリスマ性とはさらに関係ない。神秘的なものではない、平凡で退屈なものである。その本質は行動にある。そもそもリーダーシップ自体が、よいものでも、望ましいものでもない。それは手段である。何のためのリーダーシップかが問題である。

『プロフェッショナルの条件』より

リーダーシップへの誤解を解く

一般に「リーダーシップ」というと、持って生まれた「資質」や「性格」、あるいは「カリスマ性」が不可欠だと思われがちだ。事実、ドラッカーのところにも、「カリスマ性の身につけ方」というテーマの講演依頼が舞い込んだこともあるという。

しかしドラッカーは、「そうしたものはリーダーシップには関係がない」と言い切る。カリスマ性でも資質でもないというのだ。**リーダーシップとは「いかに行動するか」であり、「どんな局面でリーダーとしての役割を果たしたか」が重要**だという。

では、リーダーシップの本質とは何なのか？　ドラッカーは次の3つの要件をあげている。

第一は、リーダーシップを「仕事」ととらえること。効果的にリーダーシップを発揮するには、その組織の使命を考え、それを目標としてはっきりと定義することだ。目標を定め、優先順位を決め、基準を設けて、みんながそれを守れるようにし、生産性をあげていくことだ。

第二は、リーダーという立場を決して特殊な地位や特権とは思わず、むしろ「責任」と考えること。したがって優れたリーダーは、常に自分に厳しくなければならない。だから、事がうまく運ばないときでも、その失敗を他人のせいにしてはいけない。つまり、自らが責任をとる覚悟で部下に存分に仕事をさせ、組織と部下を成功に導く人、それがリーダーということになるのだ。

いかにして信頼を勝ちとるか

第三に、リーダーとして「信頼」が得られるよう努力をすること。信頼の置けない人に従う者は誰もいない。

とはいえ、「信頼されること」は、イコール「好かれる」ということではない。人間的にいい人が、必ずしも優秀なリーダーになれるわけではないのだ。

では、信頼感とはどこから生まれるのだろうか。それは、「この人がいうなら安心だ」という信用であり、そして日頃からいうこととやることが矛盾していないことである。要は「言行一致」ということだ。どんな場合でも言行が変わらない「一貫性」も大切である。

つまり、**真のリーダーシップの条件は能力や賢さではなく、仕事、責任、信頼といったきわめて当たり前の「人間性」に依拠する**のだ。だからこそドラッカーは、「リーダーシップとは平凡で退屈なもの」と語るのである。

リーダーシップの「3つの条件」

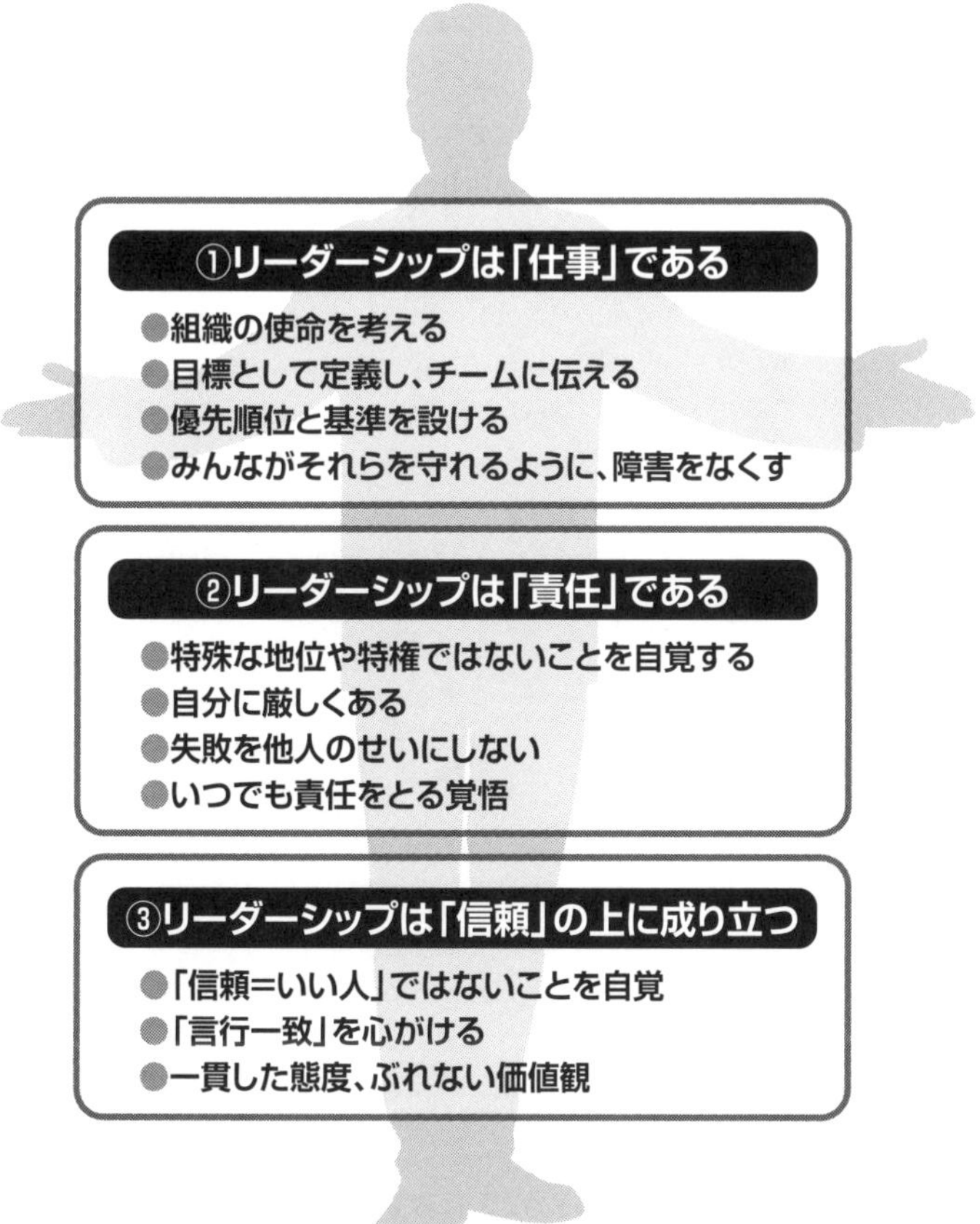
①リーダーシップは「仕事」である
●組織の使命を考える
●目標として定義し、チームに伝える
●優先順位と基準を設ける
●みんながそれらを守れるように、障害をなくす
②リーダーシップは「責任」である
●特殊な地位や特権ではないことを自覚する
●自分に厳しくある
●失敗を他人のせいにしない
●いつでも責任をとる覚悟
③リーダーシップは「信頼」の上に成り立つ
●「信頼＝いい人」ではないことを自覚
●「言行一致」を心がける
●一貫した態度、ぶれない価値観

Keyword

リーダーシップとは、仕事、責任、信頼という意識に基づいて、「いかに行動するか」である。

36

リーダー選びの「3つの条件」

重要なことは、ともに働く者の強みである。仕事の仕方である。価値観である。これらのすべてが、人によって違うのは当たり前である。

したがって成果をあげる秘訣の第一は、ともに働く人たち、自らの仕事に不可欠な人たちを理解し、その強み、仕事の仕方、価値観を活用することである。仕事とは、仕事の論理だけでなく、ともに働く人たちの仕事ぶりに依存するからである。

『明日を支配するもの』より

他人の強みに目を向け、弱みに目をつぶれ

リーダーの役割は、「他人の強みに目を向け弱みには目をつぶる」ことである。人の弱みばかりに目を向ける人間は人を育てず、意欲を損なわせる。長所よりも弱点をあげつらう人は、決してリーダーにはなれない。

また、有能な部下に脅威を感じて遠ざける者や、自らの目標を高く設定しない人も、決してリーダーにしてはならない。

リーダーの責務とは、集団の水準を設定し、それにふさわしい仕事ができるように環境を整備すること。したがってリーダーは、集団の基準となる仕事をクリアできる者でなければならない。

そして組織は、リーダーがチームの基準となるべき最大の能力を発揮できるよう、環境を整備する努力を怠ってはいけない。リーダーが率先して動けば、部下の仕事ぶりも高まるからだ。だから組織は、リーダーの姿勢を優先的に評価し、万が一欠点があっても、よほど重大なものでないかぎり、それを非難してはいけない。

リーダーに抜擢する基準は「真摯さ」

では、組織がリーダーを抜擢する場合は、何を基準にすべきだろうか。

第一に、「その人がこれまで何をしてきたか」「その人の強みは何か?」を判断すること。 いうまでもなく、成果とはその〝強み〟を発揮した結果、もたらされるものだからである。

第二に、組織の状況に照らし合わせ、いまやるべき課題を抽出し、そのニーズと強みを組み合わせられる人間を選ぶこと。

第三に、真摯さである。ドラッカーは、この点に最大の重きを置いていて、「もともと持っていなければならず、しかもあとから学ぶことができないもの。しかし、必ず身につけていなければならない資質は真摯さである」と語っている。「頭がいいだけで真摯な姿勢が見られない人もリーダーにしてはならない」というのが彼の持論なのである。

あるときドラッカーが「人事の天才」と評される人に「リーダーの条件」を訊いたという。すると返ってきた言葉は、「それは、わが子をその人の下で働かせたいと思うかどうかだね」だったという。いかに能力があっても真摯な姿勢が感じられない人には、人はついていかない。その背中についていきたくなるような魅力、その第一が真摯さなのである。

「強み」とは何か

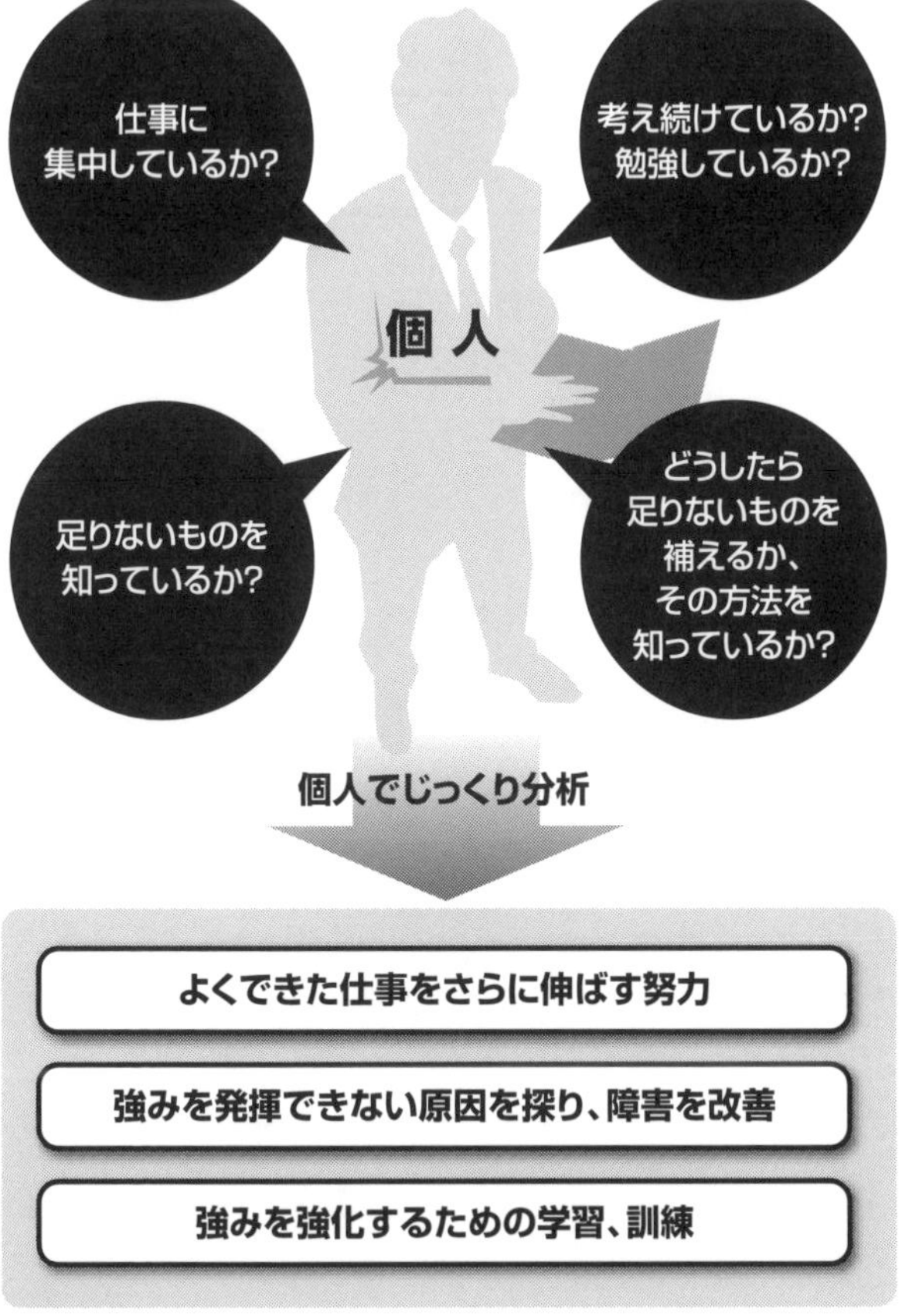

仕事に集中しているか？
考え続けているか？勉強しているか？
個人
足りないものを知っているか？
どうしたら足りないものを補えるか、その方法を知っているか？
個人でじっくり分析
よくできた仕事をさらに伸ばす努力
強みを発揮できない原因を探り、障害を改善
強みを強化するための学習、訓練

Keyword

リーダーは、自身と他人の強みを生かし、ニーズと向き合う、真摯さを持った人物であるべき。

COLUMN 4

「人間」への興味がドラッカーの先見性を生んだ

ドラッカーほど、時代の趨勢《すうせい》を見通す先見性を発揮した人物はいない。たとえば、今日につながる「ハードからソフトへ」の社会の大転換は『断絶の時代』（1969 年）で予測したし、『見えざる革命』（1976 年）では、それが現実になる何十年も前に、高齢化社会の訪れを予見している。

また、『イノベーションと企業家精神』（1985 年）ではベンチャーという志向にスポットを当て、『新しい現実』（1989 年）では社会主義体制の崩壊を予測し、『ネクスト・ソサエティ』（2002 年）では、来るべき近未来社会の予兆を解剖している。

ドラッカーが、なぜこれほど的確に時代を予測できたのか。それは、彼が「社会的生物」としての人間の生き方と、その幸福感に関心を寄せ、その延長線上に位置する社会の変化と発展を見つめてきたからである。

彼は人間への愛情が深い人だった。ドイツからロンドンに逃れたとき、現地の投資銀行の金融マンとして働くが、仕事の才覚を認められながら、自身は金儲けには興味がなかったという。

むしろ、仕事を通しての個々人の生き甲斐や達成感を重視し、「どうしたら、みんながそれを得ることができるか」を考え続けていた。その集大成が「貢献」というキーワードである。

「人間はみな、それぞれの価値観に基づいて、それぞれが持っている“強み”で社会に貢献する責任があり、それを追い求めていくことが本当の幸せなのだ」というのが、彼の哲学である。

第 5 章

成果をあげる！
13の原則

37

チームは目的に応じて形態を変えろ

情報型組織は、自由寛大な組織ではない。規律の厳しい組織である。それは強力かつ決定的なリーダーシップを必要とする。一流の指揮者は例外なく、厳しい完全主義者である。一流の指揮者を一流たらしめるものは、最後列の最も役割の小さな楽器をして、オーケストラ全体のできを素晴らしいものにするよう演奏させる能力にある。言いかえれば、情報型組織が最も必要とするものは、現場からトップにいたるまで、自己管理と責任の上に立つリーダーシップである。

『プロフェッショナルの条件』より

チームは目的に応じて形態を変える

ドラッカーは、「最強のチームづくり」を目指すなら、「正しいチームのあり方は1種類しかないという考え方を捨てろ」と提言する。**チームはその構造形態、強みと弱みなどの特徴、限界性、活動条件、「何をなし得るか」「何の目的で使うか」などで形態が変わるべき**だという。

たとえば149ページの「システム型組織」なら、それは次の4つに大別される。

第一は野球型のチーム。心臓手術を行う外科医のチームや自動車の組み立てラインが該当する。ポジションが決まっていて、みな、決められた役割を黙々とこなす。個々のメンバーの成果は明らかなので、一人ひとりを評価し、目標と責任を持たせることができる。メンバーはほかのメンバーに気がねすることなく、自らの強みをめいっぱい伸ばすことが可能になる。

第二はサッカー型のチーム。例えば入院患者が運び込まれたとき、緊急下で治療に当たる「ER」などだ。選手それぞれのポジションは決まっているが、チーム全体でプレーし、野球よりも自由度が高いのが特徴だ。ただし、この形式を採用するには厳しい条件がある。試合の主導権を握るために、オフェンスやディフェンスの戦術を全員が頭にたたき込んでおかなければならない。また、すべてのメンバーが、無条件にチームリーダーに従うことが条件になる。

オーケストラ型チームが知識社会に対応するモデル？

第三はテニスのダブルス型チーム。選手のポジションは固定せず、基本のポジションを決めておくだけ。パートナーの長所や弱点、ゲームの状況に応じてお互いをカバーする。少人数編成のフリージャズコンボも、これに相当するだろう。ときには〝アドリブ〟を多用し、顧客の希望に応えようとする形は、いうまでもなく、イノベーションを生み出す要素が高いはずだ。

第四はオーケストラ型チーム。各パートの専門家が、同じ楽曲を演奏するという目標に向かって、自分のパートを忠実にこなす。指揮者のタクトに合わせて音を出すが、場合によっては「変調」などに対応できる柔軟性が求められるので、それぞれの能力の高さが要求される。ドラッカーは、知識社会に対応するモデルとして、このオーケストラ型を評価している。

いずれも、チームとして機能するためには時間をかけて訓練を積み、一緒に働く経験が必要になる。また、それぞれのチームの型には、それぞれ独自の用途、特徴、条件、限界がある。

トップは同じ「システム型組織」でも、「どれを採用したら、何がうまくできるか」という観点から吟味し、決定することを学ばなければならない。

ドラッカーが分類するチームの形

①野球型のチーム

ポジションが固定している。メンバーがすること（職務分担）が決まっている ▶	チームが一体で動くよりも、メンバー個々人が自分のポジションの任務を全力でこなす ▶	個々のメンバーの成果が明確。個々人の成果を評価しやすい

②サッカー型のチーム

ポジションが固定している。野球型よりもより自由度が高く、機能は横並びで連携 ▶	全員がチームリーダーの指示に従う。戦術を全員が理解しておくことが必要 ▶	お互いに調整をしながら、最大の成果を目指す

③テニスのダブルス型チーム

少人数のジャズコンボと同じ。他のメンバーの強みを引き出し、弱みをカバーする ▶	基本のポジションを決めているだけ。ときには“アドリブ”が許される高度の専門性 ▶	時間をかけて訓練。個々には柔軟性が要求される

④オーケストラ型チーム

各パートの専門家が、同じ楽譜（目標）を持つ ▶	指揮者のタクトに合わせるが、場合によっては「変調」に対応できる柔軟性が要求される ▶	「知識社会に対応するモデルはオーケストラ型」とドラッカーは評価

Keyword

「最強のチームづくり」を目指すなら、「正しいチームのあり方は１種類しかないという考え方を捨てろ」。

38

「できないこと」より「できること」に注目しろ

（組織が）成果をあげるためには、人の強みを生かさなければならない。弱みを気にしすぎてはならない。強みこそが機会である。強みを生かすことは組織に特有の機能である。

成果をあげるためには、強みを中心に据えて異動を行い、昇進させなければならない。人事においては、人の弱みを最小限に抑えるよりも、人の強みを最大限に発揮させなければならない。

『プロフェッショナルの条件』より

重要なのはマイナス思考からプラス思考への転換

組織が成果をあげるための方策が特別にあるわけではない。チーム自体、またチームを構成するメンバーそれぞれが長所を発揮することに尽きる。一人ひとりの強みを積み上げていく一種のブロックゲームのようなもので、それで大きな成果を勝ちとっていく。

ところが、得てして日本人は、強みよりも弱みを気にする傾向がある。そうなっては発展性がない。組織にしても、弱みを克服しようとすれば無駄が多くなっていく。重要なのは、マイナス思考から脱し、プラス思考に転換することだ。その方法は弱みを先に見ず、「強みを考え、強みを増すこと」。ただそれだけで前進していくはずである。

「何ができるか」によって評価する

ドラッカーは、リンカーン大統領が「グラント将軍は酒好きなので指揮官に不適格」と幕僚から具申されたとき、「その銘柄がわかれば、ほかの将軍にも贈りたい」と答えた話を紹介している。バーボンどころのケンタッキーとイリノイの開拓地で育ったリンカーンは、飲酒の弊害など十分に承知していたが、「仕事ができる」という強みが重要なのであって、「酒好き」という弱みに過剰反応すべきではないと考えたのだ。歴史が証明している通り、南北戦争での北軍勝利に大きく貢献したのは、グラント将軍の最高司令官としての指揮ぶりにあったことはいうまでもない。

考えてみれば、強みばかりで弱みのない人間など存在しない。だから、トップや上司は、できないことばかりに気をとられるべきではないのだが、往々にして部下の「できる」能力に注目しないのは、有能な人間に脅威を感じる嫉妬心があるからかもしれない。部下が成果をあげれば、上司は苦労せずとも果実を手に入れられるのに、強い人間=有能な人間を遠ざけるのであれば、会社にとっても自分にとっても損である。

もう1つ、人間には相性があるのは事実だが、だからといって〝ウマが合う〟〝合わない〟も考えてはいけない。実利をあげられる部下であるならば、個人的な感情など胸にしまっておくのが大人の対応である。重要なのは「会社にどんな貢献ができるか」であろう。つまり、「何ができないか」ではなく、「何がよくできるか」で評価する心構えだ。あえていえば、「組織とは強みを成果に結びつけ、弱みを中和して無害にするための道具」である。強みだけを中心にした組織を構築する、それが組織の役割なのである。

「弱み」より「強み」に着目する

強みを知るには

部下がこれまで
よくやった仕事は……

部下はどの仕事なら
能力を発揮できそうか……

部下がよい仕事をするために、
今後、何を身につけなければ
ならないか……

今後、部下が成果をあげるために、
何を与えてあげればよいのか……

↓

本人のやる気を
引き出す

↓

全社的に
チャレンジ精神がみなぎる

↓

1+1が3、4に
なっていく

弱みだけを見てしまうと

失敗したのは
能力がないからだ……

このままでは
使う場所がない……

性格、仕事ぶりは
欠点だらけだ……

もし部下が成果をあげられなければ、
上司である自分の立場も危ない……

↓

「どうせだめさ」と、本人だけでなく、
社員全体が厭戦気分に浸る

↓

「失敗したら終わり」と考え、
“守り”の姿勢に入る

↓

挑戦する意欲が薄れ、
きわめて平凡な結果に

↓

【正しい選択は……】

●個人の潜在能力を引き出すために、やや多めのものを望むこと
●それを本人にはっきり伝えること

Keyword

**組織が成果をあげるためにはメンバーの弱みを先に見ず、
「強みを考え、強みを増すこと」。**

39

正しい意思決定を行う「3つの原則」

成果をあげるためには、意思決定の数を多くしてはならない。重要な意思決定に集中する必要がある。個々の問題ではなく、根本的なことについて考えなければならない。問題の根本をよく理解して決定しなければならない。不変なものを見なければならない。したがって、決定の早さを重視してはならない。あまりに多くを操ることは、かえって思考の不十分さを表す。

『プロフェッショナルの条件』より

問題にひそむ「問題」を明確化する

組織は、売り上げ増大、経営刷新のためにさまざまな意思決定を行う。だが、見通しのない決定は下手な賭けに等しい。ドラッカーはそのようなときの基本原則を明示している。

①問題の分類と問題の明確化

基本的な問題か、例外的な問題か、何度も起こることか、個別に対処すればいい問題かを考えること。基本的な問題なら、原則や手順、方針の決定で解決可能であり、例外的な問題であれば、個別の状況にしたがって解決する必要がある。

また、何が問題かを明らかにすることも重要だ。問題が基本的なものか、例外的なものかがわかれば、「何についての問題か」「何が問題解決の鍵になるか」が推測できるようになる。ただし、ここで最大の危険は、問題のとらえ方を間違うことではなく、問題を不十分にしかとらえないうちに、十分と判断し、その深刻さに気づかないことだ。

②目的の明確化

目的を明確化して解決するために、問題の核心を正しくつかむこと。それにより「実現する目的は何か」「そのための条件は何か」が見えてくる。

間違った妥協策は、取り返しがつかない

③正しい妥協策と間違った妥協策の区別

「正しい妥協策と間違った妥協策の区別」はきわめて重要だ。「何が正しい方法か」を策定して意思を決定するにしても、完璧に遂行できない状況が生じる場合がある。しかしそのとき、「どんな妥協策なら受け入れられやすいか」を考えてはならない。優先すべきは「どの条件を満たすべきか」である。「満たすべきこと」を明確化できなければ、正しい妥協策と誤った妥協策を見分けることができない。

「受け入れられやすいものは何か」「反対の多い提案はよそう」などと抵抗の少ない妥協策を提示することも不要である。

ドラッカーは「予想もしなかった困難が出現したり、抵抗が生まれたりするほうが多い」という。「何が受け入れられやすいか」を考えても、結果は思い通りにはならないものだと語っている。誤った妥協策は、正しい答えを導き出すのを妨げるだけではない。成果を得られないばかりか、大きな損失を生む。あとから弁明に努めても事態を好転に導くことはできないのだ。

意思決定の基本原則

① 問題の分類、問題の明確化

問題の分類

基本的な問題なのか?
例外的な問題なのか?
何度も起こりうることなのか?
個別に対処すればいいことか?

問題の明確化

何が問題なのか?
何が問題解決の鍵になるのか?

↓

② 目的の明確化

実現する目的は何か?
そのためには何が条件になるのか?

↓

③ 正しい妥協策、間違った妥協策を区別

どの条件を満たせばいいのか?

↓

解決策の策定

↓

効果的な実行

Keyword

意思決定で成果をあげるには問題の核心をよく理解して、重要な意思決定に集中する。

40

行動しなければ、すべては〝絵に描いた餅〟

仕事や成果を大幅に改善するための唯一の方法は、成果をあげるための能力を向上させることである。

我々は、1つの重要な分野で強みを持つ人が、その強みをもとに仕事を行えるよう、組織をつくることを学ばなければならない。仕事ぶりの向上は、人間の能力の飛躍的な向上ではなく、仕事の方法の改善によってはからなければならない。

『プロフェッショナルの条件』より

実行プランなしの「意思決定」などあり得ない！

意思が決定されてはじめて、具体的成果をあげるべく、決定を行動に移すことができるようになる。しかし決定に当たっては、最初の段階から、どう行動に取り込んでいくかを考えておかなければならない。**意思決定されても、具体的な手順が示されなければ、決定されていないのと同じ。**それはまだ単なる「意図」の段階でしかないのだ。

じつはこれは、企業経営においてよく見られる現象である。いわば〝絵に描いた餅〟で、これが横行している例がとても多い。「行動するための措置が何も描かれないのは、もしかしたら、実際にはやる気がないのではないか」と、勘ぐりたくなるケースもあるほどだ。

計画を眠ったままにしないためには、**「どれだけの人がこの決定を知らなければならないか」「決定した施策を現実にするには、どんな行動が必要か」「実際に誰が行動すべきか」「その行動はどんなものでなければならないか」を明確にしておかなければならない。**そうでなければ、いかに壮大な計画を立てても、何の意味もない。

フィードバックの仕組みをつくり、必ず自分の目で確かめる

そのためには、フィードバックの仕組みをつくることも重要だ。そのプランの進捗度合いによって、現実に照らして有効性を検証するのである。

いかに素晴らしい意思決定でも、決定を下すのが人間である以上、誤りがないとはいえないし、また、一時期大きな成果をあげた実行であっても、やがて陳腐化していくのは避けられないからである。そして問題があった場合、その解決策がどう実行されたか、その結果、問題を解決できたかどうかも検証していくことが重要だ。

しかもドラッカーは、的確な検証を行うためには、「責任者が自分の目で確かめる」ことをすすめている。多くの場合、トップは自分で確かめに行こうとせず、部下からの報告書に目を通すだけで終わらせてしまいがちだ。多忙は理由にならない。ここで本質をつかまないと経営判断を誤る。部下を信用しないということではないが、「百聞は一見にしかず」で、報告書の抽象的な文言ではあてにならないからである。

「報告や数字は確かに必要だが、責任者が自ら出かけていって、現実に直接触れてフィードバックしないかぎり、〝不毛の独断〟から逃れることはできない」と、ドラッカーは語っている。

フィードバックの仕組み

PLAN
●どれだけの人が、この決定を
知っていなければならないか?
DO
●決定を実行するには
どんな行動が必要か?
CHECK
●的確な検証
●責任者が
自分の目で確かめる
ACTION
●実際に誰が行動すべきか?
●その行動はどんなもので
なければならないか?
ギャップを見極める
実 行
どう行動に
取り込んでいくか?

Keyword

意思決定されても、具体的な手順が示されなければ、決定されていないのと同じ。

41

成果につながる情報とつながらない情報

変化と継続の調和のためには、情報への取り組みが不可欠である。信頼性の欠如や不足ほど、継続性を損ない、関係を傷つけるものはない。したがってあらゆる組織が、いかなる変化についても、誰に知らせるべきかを考えることを当然としなければならない。

『明日を支配するもの』より

疑問の基礎になる情報を重視する

企業の業績が低迷する原因は、顧客の好みや流通の仕組みなど、経営環境の変化を把握できないことにある。変化を教えてくれるのは「情報」である。

その情報には2通りある。それは「自分が期待する情報」と、「正しい疑問を提起する情報」である。もちろん、経営環境の変化を伝えてくれるのは後者だ。そこで前提として、「疑問を投げかける情報入手システムの確立」が重要になってくる。

じつはドラッカーは、こうした情報は、知識労働者個々人にしか得られないという。たとえば外部の会計士やIT技術者などの専門家に頼んで〝情報〟を入手したとしても、まだそれは単なる「データ」にすぎない。

そうしたデータを意味あるものに変えられるのは、その情報の意味を熟知している者だけ。「自らが直面する問題」というフィルターを通して得た情報によって問題解決に当たる、彼らしかないというのである。

そして、こうして**知識労働者個々人が有益な情報を獲得したら、それを体系的に集約しなければ資源のロスになってしまう。**では、どのように集約すればよいのか。

①同僚や部下に対し、「自分が提供すべき情報は何か」「誰に提供すべきか」「どんな形で、いつまでに提供すべきか」を明確にすること。

②「自分が必要とする情報は何か」「それは誰から、いつまでに、どんな形でもたらされるのが望ましいか」を、組織を構成する個々人が考えること。

「どんな情報を提供したらいいか」を聞いて歩く

言いかえれば、これが「コミュニケーション」の本質である。コミュニケーションが成立しなければ情報は入手不能である。したがって、「情報」を体系化するには緊密なコミュニケーション体制を構築することが不可欠ということになる。

体制構築の第一段階は、それぞれが同僚や部下のところに赴き、「自分はあなたにどんな情報を提供したらいいか」を聞くことである。この場合、自分も相手から同じことを聞かれるだろうから、それを想定して、自分なりの結論を用意しておかねばならない。

この双方を整理しておけば、やがて、お互いが「どんな情報を提供すればよいか」がわかってくるはずである。

情報とは何か

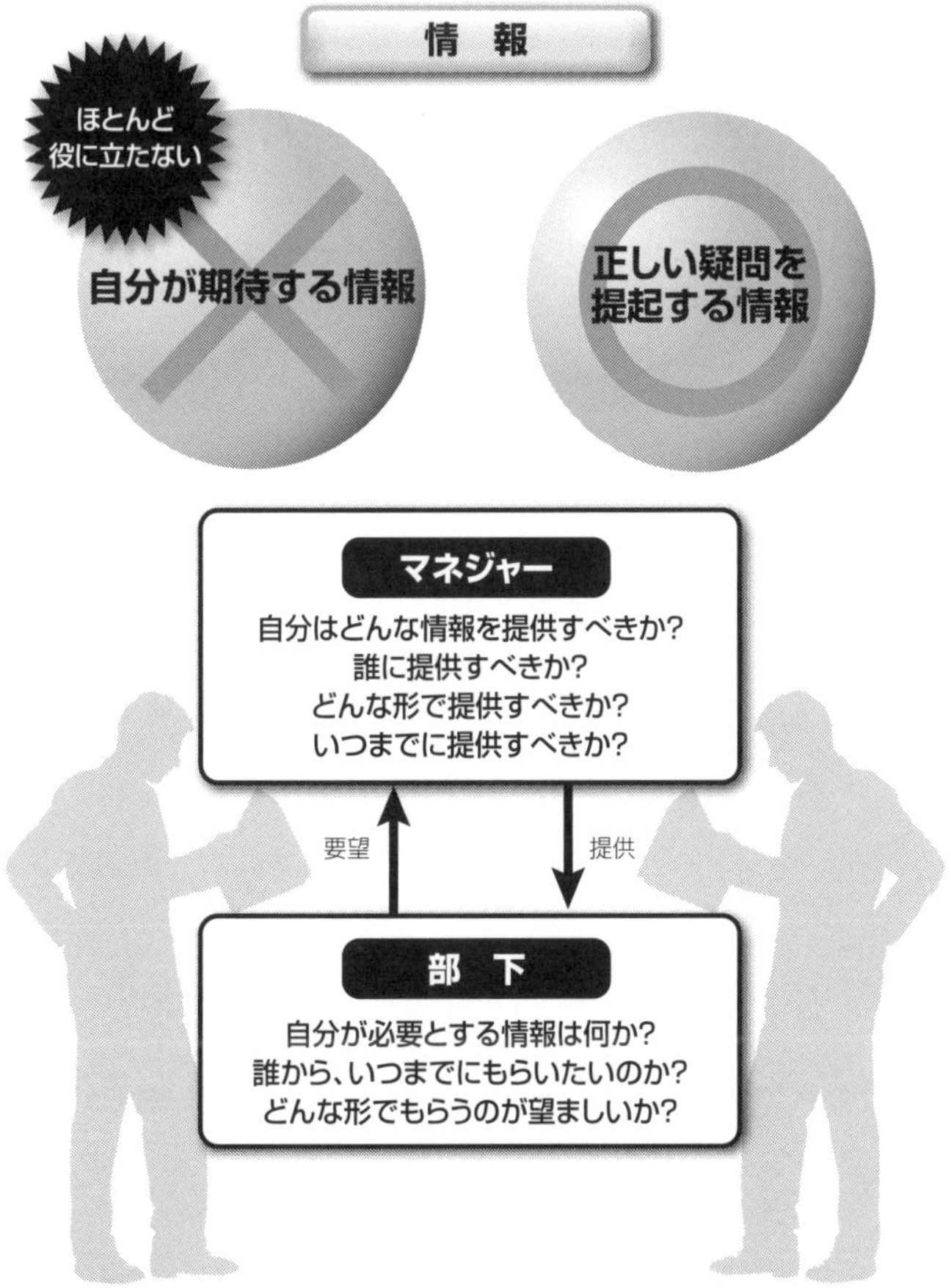
情　報
ほとんど
役に立たない
自分が期待する情報
正しい疑問を
提起する情報
マネジャー
自分はどんな情報を提供すべきか?
誰に提供すべきか?
どんな形で提供すべきか?
いつまでに提供すべきか?
要望
提供
部　下
自分が必要とする情報は何か?
誰から、いつまでにもらいたいのか?
どんな形でもらうのが望ましいか?

Keyword

経営環境の変化を伝えてくれるのは、
「正しい疑問を提起する情報」。

42

社員からあがってくる情報を、どう生かすか？

未来の組織は、情報を中心とする組織である。この情報型組織は平らで、マネジメントの階層が従来に比べて圧倒的に少ない。

しかも情報型組織は、管理の範囲についての法則、すなわちひとりの上司に報告する部下の人数は最小限に抑えるべきという原則を有名無実にする。管理とは、単に情報の報告を入手する地位にすぎず、情報ならば、報告よりも情報システムのほうが、より細部にわたり、より早く、しかもより正確に伝達することができる。

『プロフェッショナルの条件』より

最下層ほど知識を獲得しやすくなる

情報力の向上は、経営構造にも変化を及ぼす。経営陣の数ばかりでなく、階層そのものが大幅に削減されるからだ。というのは、そもそも経営陣は意思決定を行っているように見えて、その実、何もしていないし、リーダーシップなど発揮していないことが多いからでもある。ドラッカーも、「情報力がアップすれば、これまでの経営陣の誤りと自己満足ぶりのすべてが明らかになる」と、皮肉まじりに語っている。

情報とは、「データに利用するための意味と目的を加えたもの」である。利用するための意味と目的が必要なのだから、データを情報に転換するための知識が重要になる。しかし、現代のような社会では知識は専門化していかざるを得ず、高度知識労働者が知るべきことは膨大になる。とすると、現場はあらゆる種類の専門家を無数に抱えざるを得なくなっていく。その結果、法務や人事、広報、労務など、実務に携わる専門家が増え、助言や相談、調整に携わるだけの責任のないスタッフは不要となる。その結果、情報型組織では組織形態が大きく変化していく。

しかも、これからの情報型組織では、最下層ほど知識を獲得しやすい。現場では自分で自分の方向づけをしなければならない。情報や知識は、それぞれの仕事に取り組む専門家たちの頭の中にあるのだから。だからドラッカーは「知識が経営陣と現場の中間に浮かぶスタッフ部門に集中している今日の状況は、組織が発展していくにつれて、やがて消え去る過渡的なものにすぎない」と断言するのだ。

縦割り構造から「タスクフォース」型組織への転換

情報力の向上は仕事の進め方まで変えていく。従来型の縦割り組織構造は影をひそめ、現在のような機能別の部門は、仕事の基準を設定し、専門家を訓練し、人事を行うに変わり、実際の仕事はテーマごとの専門家チームが遂行するかたちになっていく。

たとえば、いま製薬、通信、製紙などの分野では、従来の研究、開発、生産、マーケティングという時系列的な組織ではなく、研究テーマの段階から市場での地位確立まで、各種の分野の専門家が協同して働くケースが多くなっていくであろう。

事実、国内大手電機メーカーなどでは、事業部と研究開発現場のブリッジ役として研究所にR&D（研究開発）コーディネーターを置いて研究事業の促進をはかるところが多くなっている。これは研究開発がウエートを占める分野での話だが、それ以外の分野でどんなチームに変

情報は現場にある

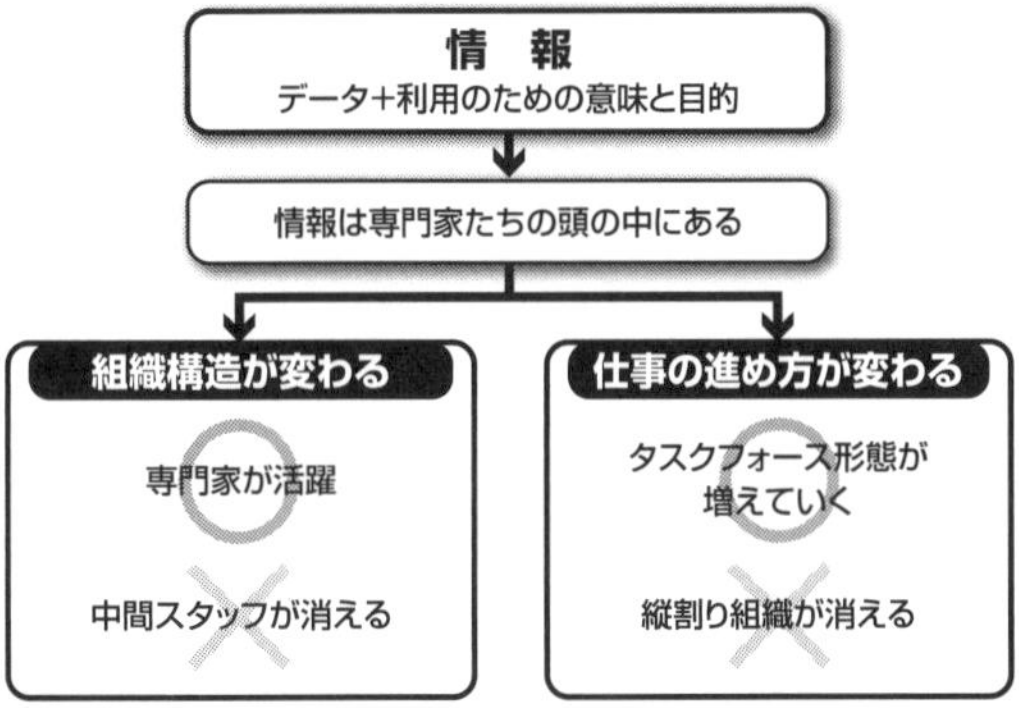
情　報
データ+利用のための意味と目的
情報は専門家たちの頭の中にある
組織構造が変わる
専門家が活躍
中間スタッフが消える
仕事の進め方が変わる
タスクフォース形態が
増えていく
縦割り組織が消える

Keyword

情報型組織では、情報や知識は、現場の専門家たちの頭の中にあり、自己規律と責任の自覚が重要になる。

化するかについては、ドラッカーは断言していない。「情報型組織の構造は、おそらくマトリックス型組織とも異なる、さらに進んだものになるに違いない」と述べているだけである。

だが、それ以上に重要なのは、情報型組織ではそこに働く人間一人ひとりの自己規律が重要になり、互いの関係と意思疎通に関して、それぞれの責任の自覚が不可欠になるということ。

現場では自分で自分の方向づけをしなければならず、しかも、情報や知識は自分たちの頭の中にある。自己規律と責任の自覚がなければ、意外な落とし穴にはまりかねないのである。

43

利益を生む情報①「基礎情報」と「生産性情報」

企業が収入を得るのは、コストの管理ではなく、富の創造によってである。この当たり前のことが、これまでの会計には反映されていない。企業は、事業体として富を創造するために経営している。

そのためには、①基礎情報、②生産性情報、③強み情報、④資金情報と人材情報という、自社に関する４種類の情報が不可欠である。

『明日を支配するもの』より

企業にとって不可欠な情報とは何か？

ドラッカーは企業にとって有益となる情報を4つ規定している。

①基礎情報：会社の現況について、基礎的判断材料になる情報である。これは健康診断における身長や体重、脈拍、体温、血圧、尿検査などのような、最も基礎的な情報といえる。

一般的には財務的な部分が主で、キャッシュフローや資金繰りについての情報、支払いと収益の比較、売掛金と売上高の比較などがこれに当たる。こうした情報を克明に見ていけば、その企業がどんな状態にあるのか、好調なのか、それとも弱点を抱えているのかがわかる。しかもそれは、〝意外な数字〟によく現れる。情報が〝異常〟であればあるほど発見しやすい。「情報が正常であっても特別なことは教えてくれないが、情報が異常なときは、発見し、処理すべき問題の所在を教えてくれる」と、ドラッカーも語っている。

生産要素に関するすべての情報を整理しておく

②生産性情報：これに関しては、「働く人間の生産性」ばかりでなく、生産要素に関するす

べての情報が必要だと、ドラッカーは語る。そこで、**「EVA（経済付加価値）」と「ベンチマーキング」に注目する。「この2つが生産性を把握し、コントロールするための道具である」**と言い切っているほどである。

EVAは、「事業利益が資本コストを上回ったときに創造される価値」のことだ。資本コストを含むあらゆるコストについて「付加した価値」を把握することで、生産要素すべての生産性を測定していく手法である。

ただしEVA自体は、「その要素がなぜ価値をもたらさなかったのか」や「改善の方法」を教えてくれるものではない。しかし、どの製品やサービスが大きな価値をもたらしているかを教えてくれるので、その製品やサービスを分析すると、「どうすればうまくいくのか」のヒントを得ることができる。

もう1つの手法が「ベンチマーキング」である。これは自社の仕事ぶりを、同業種トップの仕事ぶり、できれば世界一の最高の仕事ぶりと比較検討することで、自らの地位や改善点を見出す手法である。「よそがやることが自分にできないはずがない」という考え方の前提に立つもので、少なくとも業界トップと同じ水準の仕事ができなければ、絶対に競争力は維持できないという哲学からきている。

企業にとって不可欠な情報とは

①基礎情報

キャッシュフロー
資金繰り
支払いと収益の比較
売り上げと売掛金の比較

●"異常な"数字の発見

→ 流動性とキャッシュフロー、企業の安全性を示す

②生産性情報

EVA

●経済付加価値、生産性などが測定可能

→ イノベーションの方向づけ、継続の可能性判断

ベンチマーキング

●同業他社と比較して自分のポジションを測定

→ 市場での地位、成長性を教える

③自己の強みに関する情報

独自性に関する情報

●「強み」と「弱み」
●「予期せぬ成功」
●「予期せぬ失敗」

→ 事業の修正、廃棄を決断する材料

④資金の配分、人材配分に関する情報

投資案

●収益率
●資金の回収期間
●キャッシュフロー
●現在価値 など

→ 事業の有効性の判断材料

Keyword

基礎情報で企業の現況を知り、ＥＶＡとベンチマーキングで生産性を見直し、コントロールする。

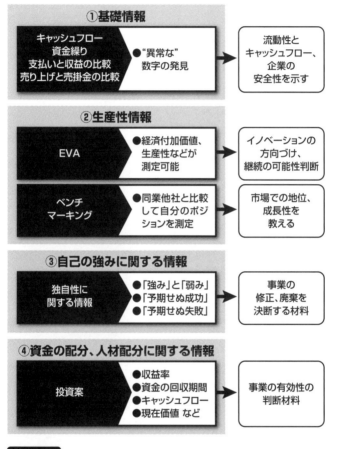

44

利益を生む情報②「強み情報」と「資金と人材情報」

第三に必要とされる情報が、自社の強みに関する情報である。リーダー的な地位を得るためには、他の者にできないこと、あるいは少なくともお粗末な仕事ぶりさえ容易でないことができなければならない。すなわち、市場や顧客の価値と、自らの特別な能力を結合するための中核的卓越性（コア・コンピタンス）が必要とされる。

『明日を支配するもの』より

強みを知って「予期せぬ成功」や「予期せぬ失敗」を見つける

③自己の「強み」に関する情報：リーダーとしての地位を得るためには、〝他社にはできない独自性〟を持たなければならない。そこで、市場や顧客が求める価値を的確に提供するために、自社ができる〝強み〟を分析する手法が必要になる。その第一歩は、自社と競争相手の仕事ぶりを綿密に研究し、前述した「予期せぬ成功」や「予期せぬ失敗」を見つけていくことだ。予期せぬ成功は、市場が高く評価し、好感をもって迎えられた要因を明らかにしてくれる。一方、予期せぬ失敗は、市場の変化や、顧客に対して自らの強みの魅力が薄れたことを教えてくれる。そうした失敗から学び、修正や廃棄を決断するのが、トップマネジメントの役割だ。

④資金の配分に関する情報、人材配分に関する情報：資金配分と人材配分の情報が、優れた業績をあげられるか否かを決定する。これら2つの資源を有効活用しなければ、効率的な行動は不可能だからである。

たとえば投資案に関しては、ほとんどの企業が収益率、資金の回収期間、キャッシュフロー、現在価値の4つのうち、1つか2つだけで評価している。しかしドラッカーは、この4つの基準すべてを調べなければならないと断言する。もちろん、そうでなければ企業の本当の姿が浮かびあがってこないからである。

まだ顧客になっていない人たちの考え方をキャッチする

それが終わったら次に、以下の2つの情報を分析する。

①投資が予想通りの成果をもたらさなかったときに何が起きるかの分析。

予想通りの成果をもたらす投資は、全体の4割程度しかないというのが彼の意見だ。残りの6割を分析し、そのときに重大な損失が生じるのか否かを、詳細に判断する必要がある。

②投資が成功し、予想以上の成果をもたらしたとき、次に何をしなければならないかの理念。

投資の成果を、当初の期待や予想と比較対照するのが何よりも重要だということである。

ただし、先の4つの情報も現在の状況を伝えるだけにすぎない。「とるべき戦術しか教えてくれないもの」なのだ。**企業が今後も繁栄していくには戦術を超えた戦略が不可欠。そこで「外部環境に関する組織的情報」が重要になる。**

これは「顧客動向、産業内外の技術情報」であり、「まだ顧客になっていない人たちの考え方」だ。それが今後の総合戦略の基礎となる。

「2つの情報」を入手する

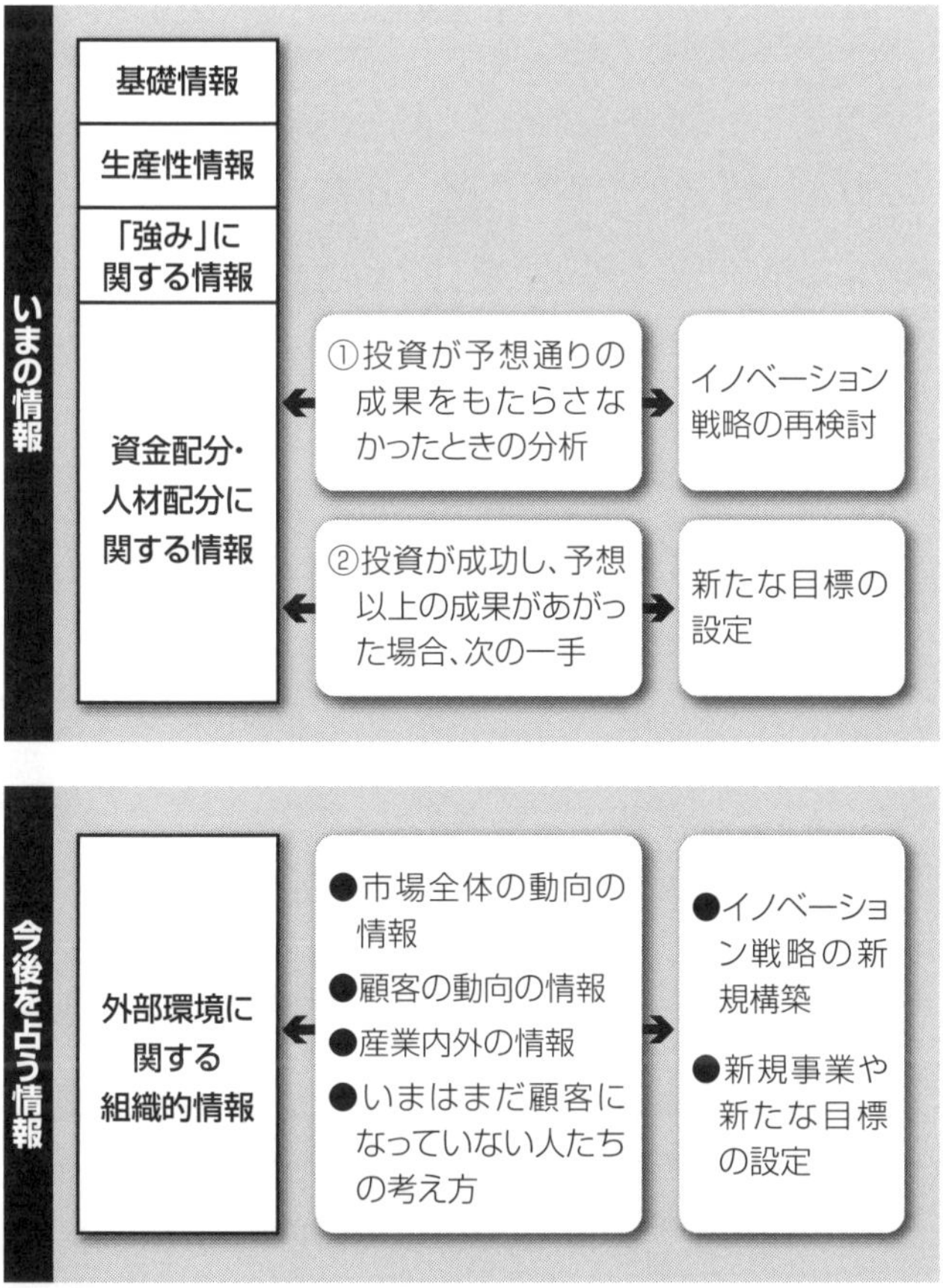

Keyword

強み情報で自社の独自性を知り、
資金配分と人材配分の情報で業績を見通す。

45

情報を選別するための「3つの要素」

考えるべきことは、自分が何を必要とするかではない。人は自分に何を求めるかであり、自分はいかなる情報を必要とするかである。誰から、いかなる形で、いつまでにかは、そのあとである。

自分は何を提供すべきかという問題と、自分は何を必要とするかという問題は、ごく簡単なことに見える。しかし実際には相当考えなければならず、相当試してみなければならず、相当仕事をしなければならないことが明らかになるはずである。

『明日を支配するもの』より

現段階で中心となる課題は何か？

「自分は何を提供すべきか」という問題と、「自分が何を必要とするか」という問題は、自分の仕事の本質を知るうえで重要である。それを知らないと、何も問題提起ができないからだ。

しかも、この2つから得られる答えは永続的に有効なわけではない。事業内容の変化、自分のポジションの変化や異動、他人の異動などの大きな動きがあったときには、再度問い直さなければならない問題である。

しかし、日頃からこれについて真摯に考えていれば、自分が真に必要とする情報や、他人が求める情報が判別できる。だからドラッカーは、〝真摯さ〟を何より重要視するのである。

しかも、情報は不変ではない。同じ情報でも、それを獲得する人と、獲得の目的次第では、まったく別の意味を持つ。したがって、人によって情報選別の仕方も体系化の手法も異なる。この点が、情報の持つやっかいな点である。しかし、それを集約する方法はある。

その**第一は、それぞれの優先順位に沿って体系化すること。**それは、「現段階で中心となる課題は何か」から考えていくことである。

技術的課題でも、人材開発の問題でも、新製品の課題や新規顧客開拓の問題でもよい。それぞれの立場に応じて、「現段階で中心となる課題は何か」を決めればよいだけだ。ただし、どれを共通課題とするかは独断専行せず、ともに働く仲間や上司と相談して決めるべきである。

「蓋然性」に着目し「敷居理論」を応用する

第二に、「蓋然性《がいぜん》」を大事にすること。蓋然性とは、「予想したことが実際に起きるかどうかの度合い」のこと。予想外の出来事が「誤差の範囲」か「例外」なのかを峻別することである。例外なら重要視せずに単なるデータとして扱うだけでよい。しかし、誤差の範囲を超えた例外の場合は「必然」につながり、それは立派な情報になる。やがてその例外が〝当たり前〟になるかもしれないからだ。そこで、その現象を子細に検討し、よく吟味する必要がある。

第三は、「敷居理論」を応用すること。これは認識心理学の基礎であるが、要するに「一定以上のレベルに達しないかぎり、その現象は意味を持たない」ということ。たとえばある製品やサービスに対して、一定程度の集中があったとする。問題は、それが一定線を超えるかどうかである。超えた場合は、一種のトレンドになる可能性がある。超えないかぎりは単なるデータとして扱えばよい。ただし、そういう傾向があったことは、記憶にとどめておく必要がある。

情報を体系化するための「3つの要素」

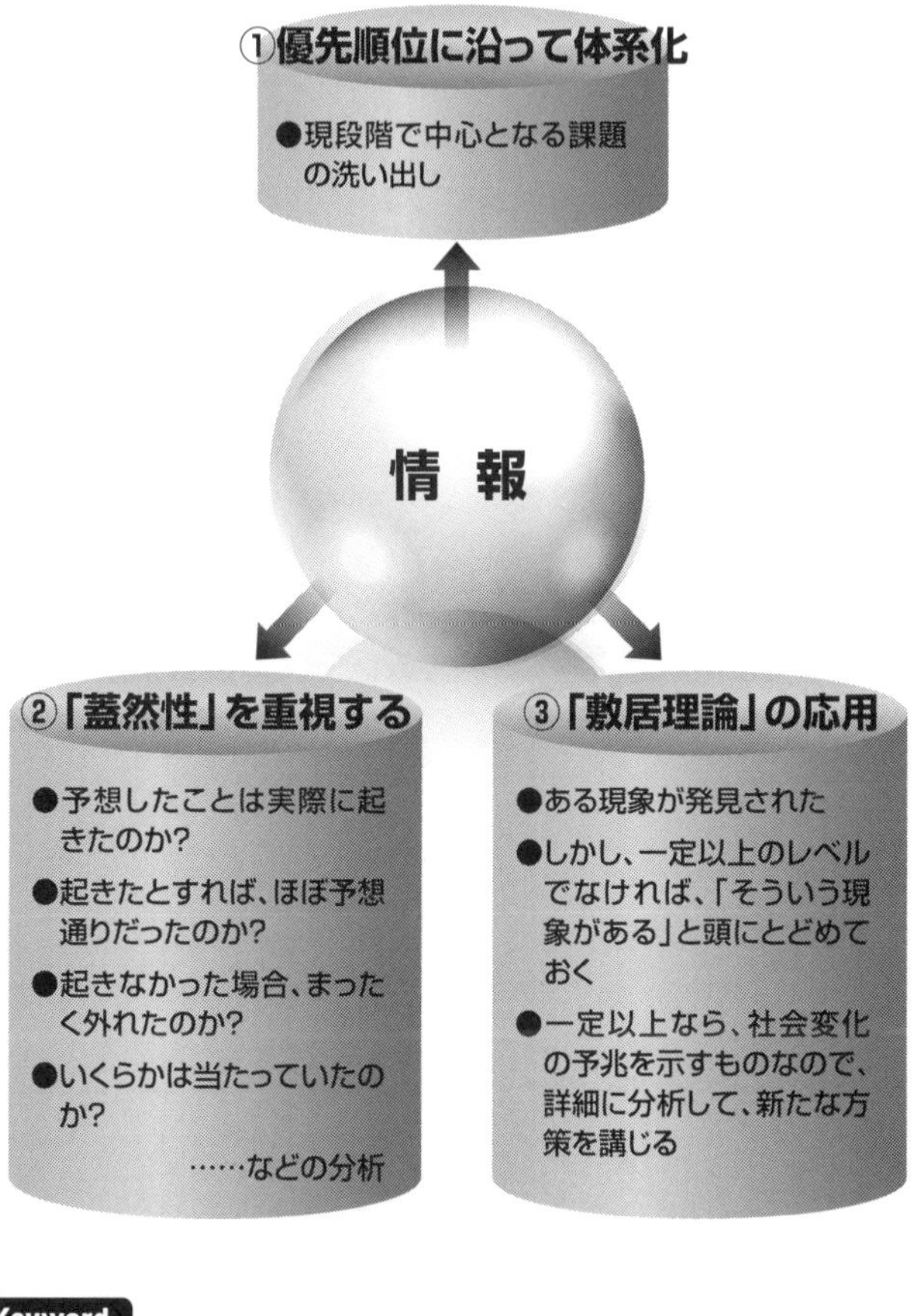
①優先順位に沿って体系化
●現段階で中心となる課題の洗い出し
情　報
②「蓋然性」を重視する
●予想したことは実際に起きたのか?
●起きたとすれば、ほぼ予想通りだったのか?
●起きなかった場合、まったく外れたのか?
●いくらかは当たっていたのか?
……などの分析
③「敷居理論」の応用
●ある現象が発見された
●しかし、一定以上のレベルでなければ、「そういう現象がある」と頭にとどめておく
●一定以上なら、社会変化の予兆を示すものなので、詳細に分析して、新たな方策を講じる

Keyword

優先順位に沿って情報を体系化し、
蓋然性と敷居理論で情報を峻別、吟味する。

46

研究開発を成功に導く10の原理

頭のよい者がしばしばあきれるほど成果をあげられない。彼らは頭のよさがそのまま成果に結びつくわけではないことを知らない。頭のよさが成果に結びつくのは、体系的な作業を通してのものであることを知らない。

それらの資質を成果に結びつけるには、成果をあげるための能力が必要である。

『経営者の条件』より

研究開発のために「何を行うか」

研究開発により成果をあげる企業とあげられない企業の差は、次に記した10の原理を知っているかどうかだと、ドラッカーはいう。

①**「自らを陳腐化させられるかどうか」**。損益分岐点に達したその日から陳腐化がはじまっていることを自覚している。したがって、②**「自ら率先して陳腐化させることが、競争相手によって陳腐化させられることを防ぐ唯一の方法」**だという。デュポンは、ナイロンの開発のあと、即時に新しい合成繊維の研究にとりかかるとともに、ナイロンを陳腐化して価格を下げ、競争相手がこの市場に参入する意欲を失わせたのである。

③**「研究開発を〝基礎〟と〝応用〟に分けない」**。基礎研究、応用研究の障壁を取り除いて総合的に判断すれば、専門性の落とし穴にはまらず、意外と簡単に道が見えてくる。

④**「物理、化学、生物、数学、経済学は単なる手段にすぎず、それ自体を研究対象とすべきではない」ことを自覚しておくこと**も重要だ。

⑤**「研究開発はただ1つの活動からなるものではない」という点もよく認識しておく。**それは「カイゼン」「展開」「イノベーション」という3つの活動からなる。

研究開発を「いかに行うか」

⑥**「高い目標を掲げる」こと。**顧客の生活や事業を大きく変革することを目標にするような、志を最初から高くすることが重要となる。

⑦**「効果的な研究開発には〝長期〟と〝短期〟の成果があるのを知る」こと。**短期的な成果のみならず、あとに続く長期的なプロセスの第一歩となるように考えていく。

⑧**「作業として独立しているが、機能としては独立していない」ことを認識する。**研究開発が、いかに業務に影響を与えるかを推測しつつ進める必要があるということだ。

⑨**「効果的な研究開発のためには、体系的に廃棄していくことが重要」と心得ておく。**

⑩**「研究開発もほかの企業活動と同様、量的な評価を受けなければならない」ことを知っておく。**3年ごとのように定期的に成果を見直し、「どんなイノベーションをしたか」「自社の市場における地位に、量、質、インパクトが見合っていたか」「今後は量、質、インパクトの面から、どんなイノベーションをすれば自社に最良か」を慎重に吟味していく。

以上がドラッカーのいう10の原理である。

研究開発に当たって、何をすべきか

研究開発の成功

①自らを陳腐化させる
- 古くなったものを廃棄

②競争相手によって陳腐化させられるのを防ぐ
- やられる前にやれ!

③「基礎」と「応用」に分けない
- 垣根を取り払って広い視野を持つ

④学問そのものを研究対象にはしない
- 基礎も大切だが、応用を重視

⑤研究開発はそれだけであるものではないことを知る
- 「カイゼン」「展開」「イノベーション」を追求

⑥ねらいを高く持つ
- 顧客満足、顧客の生活や事業を大きく変えようという志

▼ 常識の枠を超えた発想

⑦「長期」と「短期」があることを心得る
- 短期的な成功で満足しない
- 長期的な視野に立って考える

▼ 埋もれていたデータが意外なヒントをくれる

⑧自分勝手にやっていいものではない
- 成果がどう業務に影響を与えるかを考えながら研究

▼ 顧客満足の発想が徹底される

⑨体系的に廃棄
- 自らを陳腐化させていく

▼ 常に最先端を走る

⑩量的な評価をチェック
- 定期的に成果を見直す どんなイノベーションをしたか?
- 自社製品の市場における地位に見合った研究開発だったか?

▼ どんなイノベーションなら、大きなインパクトをもたらすか

Keyword

研究開発を成功に導くためには、常に「何を行うか」「いかに行うか」が問われる。

47

「人材」を切る前に「ムダな仕事」を切る

あらゆる組織は、体系的な廃棄を模索しなければならない。

数年ごとに、あらゆるプロセス、製品、手続き、方針について、「もしこれを行っていなかったとして、いまわかっていることをすべて知りつつ、なおかつ、これを始めるか」を問わなければならない。

それどころか今後ますます、成功してきた製品、方針、行動について、その延命を図るのではなく、計画的な廃棄を行わなければならない。組織は、新しいものの創造に専念しなければならない。

『プロフェッショナルの条件』より

コスト削減のポイントは「業務改革」にある

いま、企業ばかりか、あらゆる組織がコスト削減に躍起だ。そのためにリストラを断行する例が多く見られるが、期待通りのコスト削減を成功させた例はそう多くない。むしろリストラが原因で業績を悪化させるところも多く、従業員のストレスと不満がたまることも多い。

ドラッカーはコスト削減策としてのリストラには反対の立場をとっている。むしろ、**「コスト削減の唯一の方法は業務を改革することだ」という。業務改革を推進すれば従事者の数を減らすことができ、いかなる人員整理計画よりも効果的に、人員削減が可能になる**からだ。

しかも、無計画なリストラは技術の伝承機会を奪ってしまう。かつて日本の鉄鋼産業は世界を席巻し、トップレベルの技術を誇っていた。しかし、リストラや定年に伴う技術者の離脱で、技術伝承が困難な状況にある。90年代後半以降、鉄鋼の大幅な需要減で、メーカーや関連企業群は大幅なリストラと配置転換を行い、一方で新卒採用を抑制したからだ。鉄鋼業界は実力のある技術者養成に10年はかかるといわれる。日本特有の職人的徒弟制度による熟練技術の伝承ができないまま、空白の時代を迎えている。鉄鋼だけでなく、電機・機械メーカー、プラントエンジニアリングでも同様で、かつて世界に誇った日本の最先端技術は見る影もない。

リストラまでいかないとしても、コスト削減を目論む場合、通常は「いかにしてこの仕事を効率的にできるか」を考える。しかしドラッカーは、その間違いを指摘する。むしろ「この仕事を廃止しても会社の屋台骨が揺らがないかを問うべきだ」といい、「揺らがないようなら、思い切ってその業務を廃止すればよい」というのが彼の意見である。

ただ、これまで継続してきた事業を廃止する場合、大きな抵抗が予想される。経営陣には勇気が必要とされる。しかし実際には、廃止して困らないものが圧倒的に多く、廃止をまぬがれた事業でも、それがどんな貢献をしたか、どんなふうに役立っているかを問い直す例は少ない。

またドラッカーは、「1つの仕事に2つ以上の目的を相乗りさせること」も禁じている。それは非効率とコスト増をもたらすからである。たとえばメーカーがディーラーへの資材供給システムを考える場合、①ディーラーの在庫を確保しておくことと、②自社が余分な在庫を持たないようにするという、2つの目的を持たせることが多い。だが本来、この2つは別ものである。

そこで、これを効率化する方策がある。それは、まず売り上げの半分を占める回転が速い標準の資材については、一定期間の売り上げを予測し、それにある程度上積みした数量をディーラーの在庫にしてもらうのだ。売り上げ予測は、ディーラーの売り上げモデルを何社分か抽出し、定期的にチェックすることで算出できる。しかも自社は標準在庫を保有しないことにすれ

コスト管理の原則

小さな削減策より、大きなコスト全体で考える

●コスト削減は、手がつけやすいところから行わず、成果の大きいほうに取り組む
●会社の屋台骨を揺るがすほどのものでなければ、その事業そのものを停止

企業全体で考える

●一部の部門のコストだけを下げても意味がない。縄張り意識を捨てさせる
●2つ以上の目的を相乗りさせると意図が曖昧になる

不要不急の活動を停止する

●「続けていれば、やがて……」の発想を捨て、「やらなければいけない」ことに集中
●古くなったもの、時代に合わなくなった事業は速やかに停止

種類に分けて管理する

●「この業務を停止したら活動が回転しなくなる」部門は「どう損失を抑えるか」を判断
●生産に直結するコスト、営業に必要なコスト、研究開発コストはぎりぎりまで削らない
●利益の出ない商品、無駄な中間管理職、高給で無能な経営陣といった「浪費」の典型を排除

Keyword

コスト削減の唯一の方法はリストラではなく、業務を改革すること。

ば、在庫管理は不要になる。

一方、残り半分の特殊資材に関しては、航空貨物会社の中央倉庫で保管し、全国どこのディーラーにも6時間以内に届けられるシステムを構築すればよい。この結果、従来、在庫管理に相当の費用がかかったのに比べ、新しいシステムでコストは大幅に低減し、しかも、在庫管理とディーラーのサービスの両方が改善されるという効果をもたらす。

一挙両得とは、まさにこのことをいう。

48

お粗末な人事を「有効な人事」に変える「4つの心得」

人事上の決定は、慎重かつ細心に行わなければならない。さらに適切に行わなければならない。まず遂行すべき任務を考え抜かなければならない。次に、候補者を大勢あげなければならない。候補者一人ひとりの業績を詳細に調べなければならない。最後に候補者一人ひとりについて、部下として使ったことがある何人かの人に当たって調べなければならない。

『イノベーションと企業家精神』より

お粗末な人事を「有効な人事」に変える

人事政策は、ある意味で企業の命運を握るものといってもいい。技術革新もマーケティングも、ほぼ瑕疵《かし》がないと思われるのに成果をあげられない。仮にそういう事態を招いたならば、人事を見直す必要がある。ドラッカーが「平均打率は3割3分3厘以下だ」と酷評するように、現実の人事政策はまったくお粗末なのが現状なのだ。といっても、ドラッカーは「限りなく10割に近づけることは可能だ」という。

①人事を実施した者の間違い。登用した部下が成果をあげられないとすれば、それは本人の責任ではなくトップや管理職の責任である。

②部下には有能な上司を持つ権利がある。部下が幸福になるか不幸に陥るかは上司の能力次第である。

③人事は公正に行われなければならない。あらゆる意思決定のうち、人事は組織そのものの能力を左右する。したがって、人事担当者は、そこに疑念を持たれるようなことがあってはならない。

④人事面で「避けねばならないこと」を認識しておく。たとえばドラッカーは、「外部から

スカウトしてきた者に、最初から新しい大きな仕事を与えてはいけない」という。社内で不協和音が生じるなど、リスクが大きすぎるためだ。企業風土や文化の違う場所で、いきなり最大限の能力を発揮できると考えるのは、非科学的な希望であり、賭けである。

人事評価は明確な基準とその周知が重要

人間は目標がなければ努力することはできない。セルフマネジメントも、自らの目標を持つことではじめて可能になる。そのためには心理的仕掛けが必要となる。**部下がやる気を見せるのは目標の認識だけではなく、仕事ぶりと成果が明確な基準に照らして評価測定されていると実感したとき**だ。つまり、「評価測定するための情報獲得の仕組み」が大切なのである。

また、それらの情報は、上司だけではなく、「彼ら自身に直接伝わること」が重要となる。現代は技術の進歩によって、情報収集や分析能力が急速に増大している。そのため、情報が実際に自己管理に利用されるのであれば、一人ひとりのマネジメントによる成果は大きく飛躍する。だが、それが単に上司の管理目的のためにだけ使われるとしたら、部下の士気は一挙に低下してしまう。

人事の成功率を 10 割に近づけるために

1 人事の失敗は任命者の責任と考える

- 本人の責任にして原因を曖昧にしない
- 任命者は、「なぜ失敗したのか」をよく考える

2 部下には有能な上司を持つ権利がある

- 有能な上司であるためには何をすべきかを肝に銘じる
- 部下たちの責任感、強みを発揮させる方策を立てる

3 人事は絶対に公正でなければならない

- 身びいきな人事は組織のモチベーションを低下させる
- 部下は、どんな人事が行われるかを注視している

4 人事のタブーを承知しておく

- 外部からスカウトした人間に、いきなり大きな仕事をまかせない
- 新しい仕事は、組織内で人望があり、組織風土を熟知している人にまかせる

Keyword

あらゆる意思決定のうち、
人事は組織そのものの能力を左右する。

49

うまくいく人事の「5つのプロセス」

人事の原則があまり多くないのと同じように、人事の手順もさほど多くない。

第一が、仕事の中身をつめることである。第二が、候補者を複数用意することである。第三が、候補者の強みを見ることである。第四が、候補者の上司や同僚などの複数の関係者の意見を聞くことである。第五が、発令の数か月後、仕事の中身を理解しているかを確認することである。新しいポストで何をやるつもりかを聞かなければならない。

『P・F・ドラッカー経営論集』より

人材登用の手順を無視してはならない

トップが人事を施す場合は、その手順を考えなければならない。

①仕事の中身をつめておく。職務規定は変えずとも、仕事の中身を変えざるを得ないこと、もしくは思いがけずに変わっていくことを認識しておくこと。たとえば、営業マンが高齢化した部署で新規採用により営業を強化するか、成長市場で成果があがっていない場合に新たに市場を開拓するかどうか。あるいは売り上げの大部分が旧来型の製品であるとき、新製品を導入すべきか否かなど、もろもろつめておく必要がある。

②一人に限定せず、複数の候補者を検討すること。部下に業務を遂行する資格が十分にあると判断しても、仕事には適性がつきまとう。成果があげられないのであれば、ほかの候補者に替えることも視野に入れておく必要がある。

③本人の持つ「強み」で人材を登用すること。仕事の中身をつめていけば、担当する者は何を優先すべきか、何に集中すべきかが明らかになる。そこで、候補者の強みがそれに合致しているかどうかで選ぶこと。といっても、弱みを基準に判断すべきではない。そこにこだわると人材の価値を見失い、成果を生み出せなくなる可能性があるからだ。

④候補者を熟知している人の意見を参考にする。評価に独断や偏見は危険である。それを防ぐために、候補者の能力、人柄を熟知している人に話を聞き、それを参考にすべきだ。

⑤新しく就任した人に仕事の中身を理解させる。候補者が就任してある程度の時間が過ぎたら、「新しいポストで成功するには何をしなければならないか」を考えさせること。不満足な成果であれば、「これまでやってきた仕事のやり方では、新しいポストで成功しない」ことをはっきり告げることが大事である。

人事は人間心理を考慮する

こうしたプロセスを踏んでもなお、人事に失敗することがある。その場合は、ただちに再異動させることだ。間違った人事をそのまま放置しておくのは組織のためにも、本人のためにもならない。非情と思われるような措置は、担当者には逆に温情となることがある。そうして時間の経過を見てから以前のポストやそれに相当するポストに戻すと、たいていのことはうまくいく。人間心理を考慮しない人事は、会社の成果を損なうばかりか、ある部署の組織全体の人間関係をギクシャクしたものにしかねない。

こんな組織構造に要注意

階層・ヒエラルキーに
縛られる組織
業務の中身よりも
人間関係や感情、
好き嫌いに
気を使わなければ
ならない組織
無駄な会議が
多い組織
困った!
キーパーソンを
冷遇する組織
調査役や補佐役など、
実際に生産に
携わらない人が
多すぎる組織
報告や手続きの
内容よりも
手順にこだわる組織
とくに
理由もないのに
異動や組織変更を
繰り返す組織
モチベーションの低下
イノベーション精神を殺してしまう
こんなことに
ならないために!
正しい人材登用のプロセス
①仕事の中身を
つめておく
予想される変化、対処法を
事前に協議
②一人に限定せず、
複数の候補者を検討
仕事との相性を
よく吟味する
③本人の持つ
「強み」で登用
優先すべきこと、
集中すべきことを話し合う
④候補者を知る人の
意見を聞く
当人の能力、人柄の
客観的把握
⑤新任の人物に
仕事の中身を理解してもらう
新しいポストで
成功する方法を考えてもらう

Keyword

人間心理を考慮しない人事は、会社の成果を損ない、組織全体の人間関係をギクシャクしたものにする。

COLUMN 5

ドラッカーの神髄を極めたい あなたのためのブックガイド

本書でドラッカー概要を把握できたら、次はぜひとも原典をひもとくことをおすすめする。彼の著作は日本でも多数翻訳されているが、その中からステップに合わせた「おすすめ」をご紹介する。いずれも上田惇生氏訳・ダイヤモンド社刊である。

●まずドラッカー理論の全体像を知りたい方に――。

・全体を通してなら『P.F. ドラッカー経営論集』。また、ドラッカー哲学の根幹の理解には『マネジメント』に目を通すこと。

・「はじめて読むドラッカー・シリーズ３部作」の分類に沿って、「マネジメント」「社会」「自己実現」という具合にテーマを分けると理解しやすい。『チェンジ・リーダーの条件（マネジメント編）』『イノベーターの条件（社会編）』『プロフェッショナルの条件（自己実現編）』の３冊が入門編として最適。

●より専門的に思想を極めたい方に――。

・マネジメント編のテーマを深めたいのなら、『現代の経営』『創造する経営者』『乱気流時代の経営』がおすすめ。「イノベーション」について詳しく知りたければ『イノベーションと企業家精神』、リーダー論は『非営利組織の経営』を。社会編のテーマなら、『ポスト資本主義社会』『ネクスト・ソサエティ』。

・自己実現編なら『経営者の条件』『明日を支配するもの』。

・いま我々が直面している問題を考え、解決するヒントを得るには、『経済人の終わり』『産業人の未来』『企業とは何か』の「初期３部作」が役に立つはずである。

第 6 章

強みを引き出す！
11の原則

50

変化の先頭に立つ人の条件

変化を可能にするための仕組みづくりをするチェンジ・リーダーの条件は、４つある。

第一に、既存のものの廃棄である。もはや成果をあげられなくなったものや、貢献できなくなったものに投入している資源を引き上げること。第二に、製品、サービス、プロセス、技術などの組織的改善。第三に、成功への追求。チャンスに焦点を当て、可能性を追求すること。第四に、価値を創造するためのイノベーションである。

『明日を支配するもの』より

変化を先取りする3つの要件

「変化はコントロールできない。できることは、その先頭に立つことだけである」。ドラッカーはそういって、先頭に立つ者を「チェンジ・リーダー」と名づけた。

顧客創造の武器は、「マーケティング」と「イノベーション」だと述べてきたが、時間の経過とともに環境は変わってくる。それに対応するためには、人も組織も変わっていかなければならないが、思考の柔軟さを身につけるのはむずかしい。といっても、それでは時代の動きに乗り遅れる。そのため、守旧者を引っ張り、組織の先頭でイノベーションの旗を振る人間が必要となる。変化の風を察知し、率先して変化を巻き起こす人たち、それが「チェンジ・リーダー」なのである。

ドラッカーは、変化を先取りする要件として、次の要素を指摘している。

①変化を可能にする仕組みをつくる。
②変化を知るための手段を講じる。
③継続性との両立を考える。

古いものを捨てる勇気と継続する改善

①は、前にも述べた「体系的廃棄」である。たとえある時代には革新的なものであっても、時間が経過すれば古びてくる。それを守っていては、新たな創造はできない。いいものを受け継ぐ伝統は保持しなければならないが、モノ自体は時代に合わなくなるのだから、伝統は受け継ぎながらも新技術を開発していく。

そこで、あらゆる製品、サービス、プロセス、市場、流通チャンネル、顧客、最終用途を見直さなければならない。古くなったものを体系的に廃棄することで、明日をつくることができるようになる。

②は、「カイゼン」「展開」「イノベーション」だ。製品、サービス、プロセス、マーケティングから技術、教育訓練、情報など、あらゆる分野で体系的で継続的な改善が必要になる。

ただし、それにはあらかじめ「カイゼン」「展開」「イノベーション」の目標を決めておく必要がある。また、組織としてきちんと意思決定をしておく必要もある。目的とする成果が〝具体的に〟何を意味するかを、前もって決定し、確認しておかなければ全社的に大混乱を招く恐れがあるためだ。

チェンジ・リーダーの要素

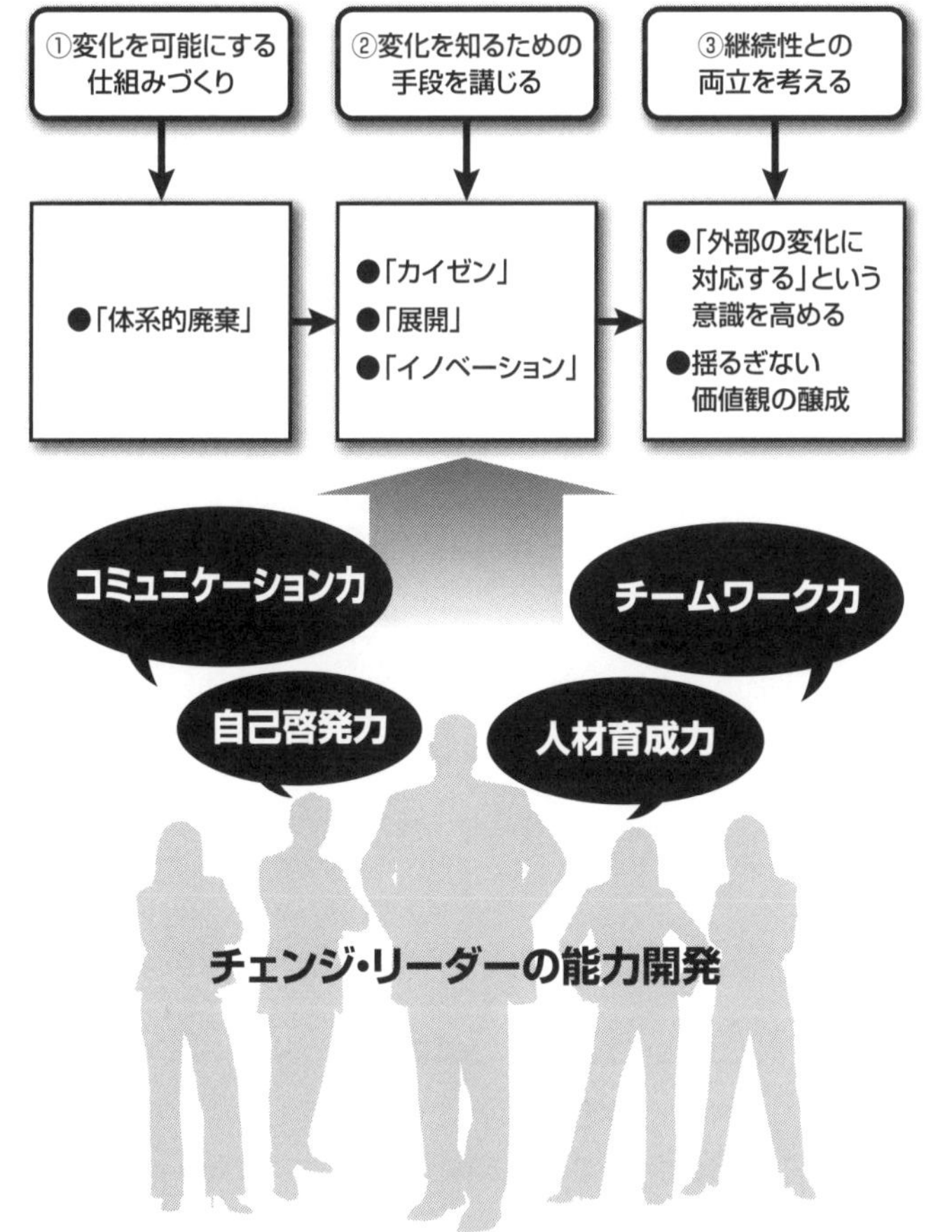
①変化を可能にする仕組みづくり
②変化を知るための手段を講じる
③継続性との両立を考える
●「体系的廃棄」
●「カイゼン」
●「展開」
●「イノベーション」
●「外部の変化に対応する」という意識を高める
●揺るぎない価値観の醸成
コミュニケーション力
チームワーク力
自己啓発力
人材育成力
チェンジ・リーダーの能力開発

Keyword

チェンジ・リーダーは「廃棄」「カイゼン」「継続性」の視点から、組織の先頭でイノベーションを起こす。

51

変化と継続性を両立するときに陥る「3つの罠」

　チェンジ・リーダーたるための第四の条件がイノベーションである。ただしそれは、チェンジ・リーダーたるためにはイノベーションそのものが不可欠だからではない。チェンジ・リーダーはイノベーションを行う。しかし、体系的なイノベーションの仕組みを必要とするのは、イノベーションそのものよりも、チェンジ・リーダーたらんとする姿勢を組織の中に浸透させるためである。組織の隅々にいたるまで、変化を機会と見るようにさせるためである。

『明日を支配するもの』より

変化と継続性の調和をどうはかるか

前項に示した③は、「継続性との両立」である。変化を先取りしながら旗振りをするチェンジ・リーダーは、同時に「継続の精神が大切」であることを自覚すべしという意味だ。

変化と継続は決して二極対立ではない。新しい知識とは、すべて過去の知識の上に積み重なる。革新的技術といえども、過去に積み重なった技術によって可能となる。1から突然10には進まないのだ。リーダーは絶えずそうした過去と現在と未来への視点を持ち、外部の変化を注視しつつ、内部の動きにも気を配る。そのうえで揺るぎない価値観を醸成していかなければならない。

以上のように、**変化と継続性の調和をどうはかっていくのか、これこそがチェンジ・リーダーに課せられた課題**なのである。

チェンジ・リーダーが犯しやすいタブー

しかし、一方で、チェンジ・リーダーの犯しやすいタブーが3つあるという。

第一のタブーは、「現実に即応しないイノベーションに突き進むこと」である。成功するイノベーションとは、少子化、コーポレート・ガバナンスの変容、経済のグローバル化などの社会的潮流にマッチしたものだが、そうした潮流から大きく逸《そ》れるような斬新奇抜な発想に、得てして魅せられてしまい、イノベーションの本質を見誤りがちだ。

したがって、**第二のタブーは、「真のイノベーションと、単なる奇抜さを混同すること」**である。にもかかわらず、「毎日同じことを繰り返すのにあきた」という理由だけで、奇抜さのみに飛びつく組織も少なくない。

第三のタブーは、「思いつきの〝動作〟と、真に意味のある〝行動〟を混同してしまう」ということである。

既存の製品やサービスの売り上げが落ち込んでくると、改善の必要性を感じるようになる。そのとき企業は製品のポテンシャルをしっかり把握せず、まず組織改革に走りがちだ。

だが、組織改革とは、何をいかに行うかという目標を設定して、つまり、問題を認識して取り組んだあとに行うべきものである。

安易に組織改革を断行するのであれば、それは「思いつきの〝動作〟」にすぎない。

チェンジ・リーダーが犯しやすい３つのタブー

①現実に即応しないイノベーションに突き進む	②真のイノベーションと「奇抜さ」を混同する	③思いつきの「動作」と真に意味ある「行動」を混同
●少子化・人口構造の変化 ●人々の認識の変化 ●新しい知識が主流になること	●「予期せぬもの」 ●「調和しないもの」 ●「ニーズ」	●次から次へと起こる問題の対処に追われる ●将来の見通しが不透明 ●資金と人材不足が悩み
知ったかぶりをしない。環境をきちんと分析する	万人受けをねらわない。「あれもこれも」と手を出さない	いま困っていることを整理。それが将来も悩みのタネになるかを検討
すべてのものは寿命がある。その寿命を延ばすより、廃棄することを考える	ビジネスチャンスを見極め、自分の「強み」で勝負する	目的を明確にして、計画的・体系的に行動する

Keyword

「本質を見据え」、「奇抜さにだまされず」、「真に意味のある〝行動〟」を行うのがチェンジリーダー。

52

成果をあげる人が最も大切にしている習慣

成果をあげる人に共通するものは、つまるところ成果をあげる能力だけである。

成果をあげることは1つの習慣である。仕事をする能力は、知識や知力とは別のものである。それは習慣的な能力であって、誰でも身につけられるものだ。したがって、教わり、身につけてしまえばよい。習慣化すればよい。才能には関係ない。

『経営者の条件』より

成果をあげる人は共通の習慣を持っている

チェンジ・リーダーの責務は重い。変化を察知し、既存の組織を変革していこうとするのなら、発想力だけではおぼつかない。成功を勝ちとるためには、斬新なアイデア以上に地道に継続する努力が必要になる。それは、「成果をあげるための習慣」をつけるという単純にして奥深い真理に気づくことからはじまる。

ドラッカーは自らのコンサルタントの経験から、**「成果をあげる人は、個々の性格や知識は千差万別だが、自分の能力や存在を成果に結びつけようとする共通の習慣を持っている」**という。知識や能力より、習慣を着実に継続する〝勤勉さ〟、あえていえば〝不器用さ〟こそが、成果をあげるための王道ということである。

どんなことを習慣化すればよいのか

とはいえ〝言うは易し、行うは難し〟が世の常。そうした習慣を身につけるのは簡単ではない。ドラッカーはそれを「習慣的な能力の集積」と呼び、「掛け算の九九を習うように、毎日の反復練習で身につけるしかない」と断言する。

では、その肝心の習慣だが、どんなことを継続すればよいのか。ドラッカーの膨大な著作の中から答えを抜き出すと、以下のようなことが浮かびあがってくる。

第一は、「組織の個々人が責任を持つことの習慣化」である。これには、責任を果たすための効率的な時間管理が必要となる。

ただし、先述した「成果をあげるための習慣」を妨げるものがある。「多くの時間を他人にとられること」「日常業務が忙しすぎて本来の仕事ができないこと」だが、そうした妨害事項を防ぐには、発想を転換し、よりいっそう効率的な時間配分をスケジューリングしていく。それでも〝習慣を妨げる仕事〟が生じるのであれば、捻出可能な時間を発見し、体系的に管理して、成果をあげるための時間に振り向けていくことだ。

第二として、「外部の世界を中心に発想することの習慣化」である。そうした観点、視点を持って発想し、練り上げていく習慣を持たなければならない。そうでないと思考、発想が常に組織内部のフィルターを通したものでしかなくなり、広がりを生まない。

ただし、〝外部の世界〟とは、内部以外についてやみくもに考えることではない。「顧客が期待する成果とは何か?」について、真剣に粘り強く発想することをいう。

成果をあげる人の習慣①

①責任を持つ習慣	企業の使命を考える習慣	●経済的成果をあげる ●資源の適正配分
	社会的責任を果たそうとする習慣	●コンプライアンス遵守 ●社会によりよい財とサービスを提供
	生産性をあげて組織に貢献する習慣	●働く人の能力を生かす ●利益をあげてみんなを幸福にする
②外部の世界を中心に発想する習慣	「ギャップ」の分析 ●業績ギャップ ●認識ギャップ ●価値観ギャップ ●プロセス・ギャップ	●ギャップを埋めるイノベーション
	「ニーズ」の分析 ●プロセス上のニーズ ●労働力ニーズ ●知識上のニーズ	●「不都合」はどこからくるかをたえず注視し、分析
	外部環境の分析 ●産業と市場の構造変化 ●人口構成の変化 ●認識の変化 ●新しい知識	●「すでに起こったこと」の背景を考察

Keyword

成果をあげるために、効率的時間管理と顧客の期待を意識して外部世界に目を向ける習慣を身につける。

53

「弱点克服」より「長所伸長」を重視する

誰でも、自分の強みについてはよくわかっていると思っている。だが、たいていは間違っている。わかっているのはせいぜい弱みである。それさえ間違っていることが多い。しかし何ごとかを成し遂げるのは、強みによってである。

『プロフェッショナルの条件』より

成果があがる分野に全力を傾注

第三は、「自らの〝強み〟を基準に発想することの習慣化」である。一般的には、スポーツにせよ勉強にせよ、「弱点克服」を優先して指導される。それは組織にしても同様だ。つまり、「弱点」とは、苦手なものであり、できないものであり、それによって嫌いになってしまったものである。

しかし、ここで発想を変えてみたらどうだろう。まず、効率を考えてみる。できないことをやろうとしても、実現化には時間がかかり、場合によっては成果に結びつかない。それなら、「自分たちが優れているところはどこか」「自分たちにできて、他ではできないものは何か」から考え、行動を起こしたほうが理にかなない、効率的となる。

第四は、「成果があがる分野に全力を集中させることの習慣化」だ。目標を明確に定め、やるべきことに全力を傾注する。そして、いったん決めた目標は、よほどのことがないかぎり遂行する強い意思を持つ。それを常に継続することの習慣化である。

第五は、「成果をあげる手順を検討することの習慣化」である。成果をあげるための手順を決めて、一つひとつ確実に実行に移していく。この手順は、過去のデータに基づくものではなく、あり得るべき未来に向かうために、各々の意見を集約して決定していく。また手順は、事案1つに対して1つに絞る。手順の多さは、戦略を誤り、組織の混乱を招きかねない。

習慣化で人間関係も好転する

組織内にこうした習慣が身につけば、全員が「責任」を自覚するようになる。そして、こうした習慣化は、組織の人間関係をも円滑にする役割を果たすようになっていく。

しかも、それぞれが以上のような習慣を身につければ、新しい能力が育成されてくる。当初は、その能力がそれほど評価されていなかった人間でも、こうした習慣によって能力が向上するし、また日常の努力については、まわりの同僚、上司も認めるようになっていくだろう。

習慣化とは、人間同士を結ぶパートナーシップの形成に寄与するものだ。それが結束することで大きなパワーが生まれ、予想以上の成果さえ実現していく。強力なパートナーシップがあれば、発揮されるエネルギーが強くなるのは当然である。何を望み、何に価値を認め、何を達成しようとするのか、目的と成果のビジョンを理解するようになる。

成果をあげる人の習慣②

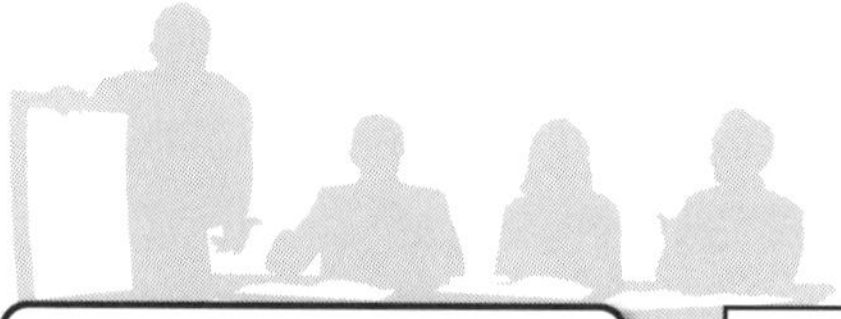

③弱点克服より「強み」を生かすことを考える

- 自分たちが、他より優れている点はどこか
- 自分たちはできるのに、他にはできないものは?

→

- 「強み」をバージョンアップ

④成果があがる分野に全力を集中

- 市場の需要は拡大しているのに自社の利益が伸びない分野の再検討

→

- 自分たちに合った戦略を実践
  - ・総力戦略
  - ・ゲリラ戦略
  - ・ニッチ戦略
  - ・顧客創造戦略 など

⑤成果をあげる手順を検討する習慣

- 製品のイノベーション
- 組織のイノベーション
- 管理のイノベーション

→

- 目標達成のための業務を明らかにする
- 担当者を選び、仕事を割り当てる
- 責任と権限を明確にする

Keyword

強みを基準に発想し、成果があがる分野に集中する。さらにその手順を検討すると効率的。

54

ビジネスマンがなすべき「3つの貢献」

「どのような貢献ができるか」を自問することは、自らの仕事の可能性を追求することである。そう考えるならば、多くの仕事において、優秀な成績とされているものの多くが、じつは、その膨大な貢献の可能性からすれば、あまりにも小さなものであることがわかる。「どのような貢献ができるか」を自問しなければ、目標を低く設定してしまうばかりでなく、間違った目標を設定する。何よりも、自ら行うべき貢献を狭く設定する。

『プロフェッショナルの条件』より

自分中心の目ではなく、客観的な視点で眺める

前に、**成果をあげるためには「貢献」を最重要視しなければならない**と述べた。貢献とは、要するに「責任を果たすこと」。逆にいうと、個々人が果たすべき責任を追求すれば、どんな貢献をすべきかがわかってくるものである。

かつて経営の神様と呼ばれた松下幸之助は、「松下電器（現パナソニック）は全員経営」という理念のもと、事業部制を敷いて各部門の一人ひとりに経営者意識を持たせ、利益・コストに責任を持たせた。なぜ「全員経営」を唱えたかといえば、自分中心の発想にとらわれず〝外からの目〟、つまり「客観的な視点」を求めたからである。

通常、「貢献」というと、まず自分が進める仕事の過程を中心に発想しがちだ。確かにそれは最大の貢献である。しかし、そこから一歩離れて「客観的な視点」で見ることを習慣にし、それを遂行するための仕事を目標にしなければ、成果が達成できないこともある。自分中心の発想では仕事の方法論にとらわれ、結局は「組織内の論理」から脱出できないからだ。

しかし「貢献」を念頭に置く人はまだいい。その一方で、貢献よりも権限や権利にこだわる人があとを絶たない。組織や上司が自分に何をしてくれるかばかりを気にして権限に固執する。

こういう人は、目の前の仕事や上司の意向に気を配るのが精いっぱいで成果は二の次になる。

ドラッカーは「なすべき貢献には3つある」という。それは「直接の成果」「価値への取り組み」「人材の育成」である。この3つの重要度は、組織の性格や個々人の意識によって大きく変わっていくが、ともあれこの3分野で成果をあげなければ、組織は腐っていく一方だ。

第一の「直接の成果」は明白だ。簡単にいえば、売り上げや利益など、経営上の業績である。つまり、売り上げ向上、利益増大といった業績アップをどう達成していくかということ。必ずしも数字だけが重要でない場合もあるが、それが何かが明確でないと組織は混乱してしまう。

そこで**第二の「価値への取り組み」が重要になる。組織として、どんな目標に対して、どうアプローチし、どう成果をあげるかの共通認識を持つこと。**具体的には、優れた技術で業界をリードすることだったり、より安く、よりよい品質やサービスを追求することであったりする。

第三に重要なのは、企業を発展させる「明日のマネジメント」に対応できる人材を、いまから準備しておくこと。でもそのためにも、明日のビジョンを明確にしておく必要がある。いうまでもなく、「明日」が今日と同じでは、企業の発展は望むべくもないからだ。

そうした人材を育成するにも、いまのうちに明日を見据えた課題を与えること。人間は、課された問いの水準が高いほど、成長の度合いも高いものである。

成果をあげるために、なすべき貢献

①直接の成果 業績アップに 直接貢献すること	●個々人の業務の見直し ●カイゼン ●認識の変化
②価値への取り組み 目標に対してどうアプローチするか、 どう成果をあげるかの共通認識	●すべてに寿命があると認識 ●どうしたらイノベーションが 可能になるかを考える
③人材の育成 明日に備えて、 いまから人材を用意しておく	●教育 ●抜擢 ●評価 ●責任と権限の付与

Keyword

ビジネスマンがなすべき貢献は「直接の成果」「価値への取り組み」「人材の育成」の3つ。

そしてドラッカーは、「絶えず〝貢献〟を問い直していかなければ、やがて自分をごまかし、組織を壊し、ともに働く人たちを欺く結果をもたらす」という。

時代は絶えず変化する。以前の仕事では正しかった仕方をそのまま続けていると、失敗する運命にあると警告する。貢献すべき内容も変わり、貢献すべき3つの領域の間の相対的重要度も変わっていくからだ。

新しい仕事では、間違った仕事を、間違った方法で行わないように、注意しなければならない。

55

自分の強みを生かす「4つの行動」

自らの強みを知る方法は一つしかない。フィードバック分析である。何かをすることに決めたならば、何を期待するかをただちに書きとめておく。9か月後、1年後に、その期待と実際の結果を照合する。私自身、これを50年続けている。

こうして2、3年のうちに、自らの強みが明らかになる。自らが行っていること、行っていないことのうち、強みを発揮するうえで邪魔になっていることも明らかになる。それほどの強みでないことも明らかになる。まったく強みのないこと、できないことも明らかになる。

『プロフェッショナルの条件』より

自分の〝強み〟を知るための「フィードバック分析」

さて、では**「強み」とは何を意味するのか。この場合、仕事を円滑に進め、成果をあげる方法論で、「成果に直結する能力」**を指している。

そこで、あなたは自分に問うてみよう。「自分の強みは何か？」。そのとき、明確な答えが思い浮かぶだろうか。自信たっぷりに「これです！」と胸を張る人もいるだろうが、その答えに果たして客観性はあるのか、疑問が生じるところでもある。

しかし、その強みを合理的に知る方法がある。目標をつくり、結果を照合して、目標とする期待値より成果が大きかった場合は、自分の強みがはっきり見えてくるというものだ。その方法についてドラッカーは、「フィードバック分析」を提唱している。仕事をはじめる前に目標とする期待値を書きとめておき、一定時間を置いたあとで期待値と実際の成果を照らし合わせる方法である。

ただし、結果が期待値よりも低い場合もある。弱みが明らかになるということだが、そうであっても、視点を変えれば強みを生むものを妨げる原因が見えてくるという作用もある。どちらにしろ、フィードバック分析は合理性に富んでいる方法なのである。

強みに集中し、無理に弱みを直そうとしない

フィードバック分析の方法は、次の4つを行うことで結果が明らかになる。

①自分が組織やチームに貢献できる分野、つまり、成果を生み出せる可能性の高い分野に集中する。

②強みを伸ばす妨げとなっているものを把握し、それを排除する。

③強みを生かすことを考えると同時に、弱みも明らかになるため、自分が弱みしか発揮できない部分への対処方法を考える。やっても成果があがらないことは行わない。

④成果のあがる部分に集中し、努力のわりに成果のあがらない分野に対しては、無駄な時間を浪費しない。

弱みが明らかになったときは、「無理に弱みを直そうとしない」こと。弱みを改善できればいいが、早期に克服できるものではない。克服できたとしても、成果をあげるまでには時間がかかる。そこでドラッカーは、「成果をあげるためには弱みを補って余りある〝強み〟を持てばいい、強みをさらに増大していけばいい」と指摘するのである。

自分の「強み」と「弱み」を知るフィードバック分析

ACTION
④成果があがる分野に集中する
●集中すべき分野の知識と体験を蓄積
●弱みをこれ以上増大させないための改善
●勉強すべきテーマを絞る
PLAN
①自分が組織やチームに対して貢献できる分野は何か?
●自分の得意技は何か?
●自分は何を目標にしたいのか?
SEE
②強みを伸ばすのに邪魔になっていることは?
●邪魔になる要素を洗い出す
●それを排除する
CHECK
③強みをいっそう増すために何をすればいいのか?
●得意技に磨きをかける
●成果があがらない分野に必死にならない

Keyword

フィードバック分析で自分の強みを知り、効率的に成果をあげる。

56

「何のために働くか」をつきつめる

組織には価値観がある。そこに働く者にも価値観がある。組織において成果をあげるためには、働く者の価値観が組織の価値観になじむものでなければならない。同じである必要はない。だが、共存しえなければならない。さもなければ、心楽しまず、成果もあがらない。

『明日を支配するもの』より

「何かを成し遂げる」というよろこびを持つ

「何のために働くか」「何を成し遂げたいか」という価値観をつきつめていかなければならない。ドラッカーは、**自らの強みを認識できたら、それをもとにして働く意味と価値観について考えるべき**だと示唆する。

人間は「生活のために働く」だけでは心の満足が得られない。「何かを成し遂げる」ことがよろこびにつながるという一面があるのは、大脳生理学の観点から見ても明らかだ。そのために「何かを成し遂げる」ことが、働く動機の1つになるものだ。ことに、自分の好きな分野、得意な分野では成果を出したいと強く願うだろう。そこで、より大きな成果を達成すれば、よろこびはさらに増す。そして、もっと大きな成果をあげようと、さらに能力を磨くのである。

成長の意欲を持たなければ、成果に結びつかないことは自明である。といっても、組織に属している かぎり、一人の努力によって組織の成果をあげるには、期待通りにいかないこともあろう。しかし、そういう努力を続けているからこそ、社内はもちろん、取引先などからの理解や協力が得られるようになるのだ。

意にそぐわない組織から脱出する覚悟

「責任が成長の鍵になる」とドラッカーはいう。考えなければならないのは「責任」という言葉だ。責任とは何か。誇りを持ち得る意識である。そうした気持ちがあるために、仕事の遂行において成長を志向する。そして、そういう意識を持つからこそ、「成長を望むなら、自ら積極的に責任を引き受ける」という前向きな気持ちが生まれてくる。

ただし、そのためにはやる気を鼓舞する環境が必要だ。自分に適した組織で、自分がベストを尽くせる仕事。それが環境である。つまり、「人間は、自分が納得した価値を感じる場所で働くべきである」ということだ。仮に「場所を得ていない」と判断したのであれば、さっさとやめていい。自分を成長させない環境だからである。

職場環境に満足しているのであれば、その中で成長を維持していくには、ときには感性の転換が必要となる。「教えること」「移ること」「現場に出ること」に挑戦してみたい。仲間に教えることでまた学び、組織を移ることで新しい可能性が生まれ、管理職は現場に出ることで働く人間の心を吸収できる。毎日の仕事にあきて刺激がなくなったとき、そのときにこそ自ら環境を変えるのだ。錆《さ》びつきかけた心を切り替えるための特効薬である。

成長のプロセスを維持する方法

責任を引き受ける

- 仕事を通じて成長をはかる
- 責任が重いほど自分は成長していく

同僚や部下に体験や知識を教える

- 他人に教えれば、自分の思考が整理できる
- 成功のポイントや見逃していた点の再発見

成 長

ベストを尽くせる環境に移る

- 評価や権限が与えられない場合は、思い切って新天地に
- ただし、いまの日本は「買い手市場」なので、自分が「売り物」になるかどうかをよく吟味してから

現場で学び直す

- 新しい知識は現場にこそある
- 定期的に現場に出て、その空気に触れる

Keyword

働く者の価値観が組織の価値観と共存しえなければ、心楽しまず、成果もあがらない。

57

自由な時間を生み出す「4つのプロセス」

成果をあげる者は、仕事からスタートしない。時間からスタートする。計画からもスタートしない。何に時間がとられているかを明らかにすることからスタートする。次に、時間を管理すべく、自分の時間を奪おうとする非生産的な欲求を退ける。そして最後に、その結果得られた時間を大きくまとめる。

『プロフェッショナルの条件』より

計画や仕事より時間を優先して考える

「時間を大切にせよ」とはよくいわれることだ。能力のある人が時間を大切にしているのは古今東西を通じて真理である。ドラッカーも**「計画や仕事を優先するのでなく、時間を優先して考えよ」**とアドバイスしている。

そして、「仕事にはまず計画ありき」という一般論にドラッカーは懐疑的である。「計画は紙の上に残るが、ほとんどが〝やるつもり〟で終わり、実際に行われることはまれである」と手厳しい。その代わりに**「何に時間をとられているかを明らかに」して、「自分の時間を奪おうとする力」と戦い、「その結果、生み出された時間をまとめる」べき**だという。

時間は無限だが、人が何かを成すときの時間は有限である。そこが調達可能な資金などとは異なるところだ。ドラッカーが「時間の使い方」を重要視するのは、時間という資源が有限であり、ほかでは代用できない資源だからである。

そこで**「時間を記録する」ことがまず第一歩**という。どう時間を使っているかをリアルタイムに記録していくと、自分の予測とは違って、いかに時間を浪費していたかが見えてくる。時間の記録の鉄則は、あくまでもリアルタイムだ。1日の終わりに記憶を頼りに記録することは悪手であり、役に立たないという。記憶は曖昧なもので正確に記録できないからである。

時間を管理し、時間を活用する

次に行うのは、「時間を管理する」ことである。この方法は〝無駄〟を見つけて省くことだ。時間効率の悪い仕事を極力排除していくのである。ドラッカーは排除が不安であれば、「この仕事をしなかったら、何が起きるかを考えればよい」という。現実には、ほとんど何も起こらないのだそうだ。それなら、その仕事は即、やめればいいのである。

その次は「時間の活用」。「他人にできることは、他人にまかせてしまう」ことだ。部下に頼むことによって、部下も意気に感じるし、自分の時間も活用できる。

他人への気遣いも考えなければならない。自分が他人の時間を邪魔しているかどうか。仮にそうであれば、すぐに改善していく。「きみの仕事を邪魔していないか？　きみの時間を浪費させていないか？」など、一度きりではなく定期的に確認することが必要だ。そうすることで、「きみはぼくの時間を邪魔していないか？」という逆の立場で考えさせることにもなる。

自分が気づけば相手も気づく。こうして、お互い邪魔する時間が減っていく。

成果をあげるために時間を生み出す方法

1 記　録
時間を記録する
●時間をどう使っているか?
●何に時間を取られているか?
2 管　理
時間を整理する
●時間の浪費の原因を整理する
●この仕事は、いますぐやるべきか?
●必要な仕事と、いまは不要な仕事に分類
時間のマネジメント
自由に使える時間が増える
3 活　用
時間をつくる
●どうすれば効率的かを考える
●自分がしなくてよい仕事は他人にまかせる
●お互いが相手の時間を侵食しない関係をつくる
4 集　中
時間をまとめる
●同じカテゴリーの仕事をまとめて行う
●日常業務をする時間帯を決める
●効率化されてできた時間をひとまとめにして集中的に仕事をこなす

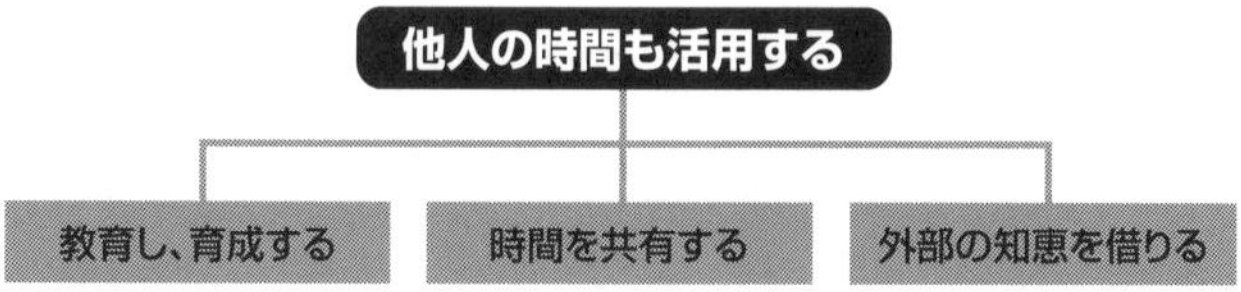

他人の時間も活用する
教育し、育成する
時間を共有する
外部の知恵を借りる

Keyword

成果をあげるためには計画や仕事を優先せず、
時間を優先して考える。

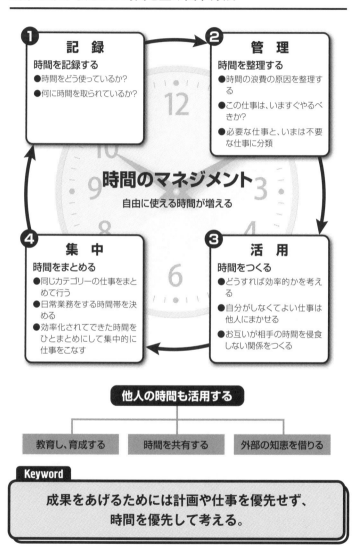

58

時間をまとめて、1つの仕事に集中する

集中は、あまりに多くの仕事に囲まれているからこそ必要となる。なぜなら、一度に1つのことを行うことによってのみ、早く仕事ができるからである。時間と労力と資源を集中するほど、実際にやれる仕事の数や種類は多くなる。困難な仕事をいくつも行う人は、一時に1つの仕事をする。その結果、ほかの人たちよりも少ない時間しか必要としない。

『プロフェッショナルの条件』より

「時間をまとめて」無駄をなくす

時間を記録し、仕事を整理して生み出した時間を集中して仕事に当てていく。「時間をまとめる」ということだ。**たとえそれが仕事中の一定時間でしかなくても、まとまった時間を確保できれば、かなりの仕事をこなすことができる。**

相手先への電話、メールの返信、業務報告などといった雑務作業は、できるだけ毎日の始業時間、終業時間にまとめて行うようにすることで合理的になる。また、会議や打ち合わせなど、日常の仕事で実務以外の業務は、それを行う曜日を決めてしまい、ほかの日は重要な問題の検討に当てるようにする。これで無駄な時間が解消され、集中してまとまった仕事ができるようになる。これがドラッカーの指摘する、時間のまとめ方のちょっとしたコツである。

ドラッカーは、「仕事の能力」についても、1つの見解を持っている。それは才能や頭の良し悪し、体力などはあまり関係ないということ。「誰でも身につけられる能力を習慣にしてしまう」ことで個人の能力を十分カバーできるという。

誰でも身につけられる能力——その最大のものが、この時間管理術なのである。

重要なことだけに集中して成果をあげる

「成果をもたらす秘訣を1つだけあげるなら、それは〝集中〟である」。これもドラッカーの言葉だ。**「成果をあげる人は最も重要なことからはじめ、しかも一度に1つのことしかしない」**とも分析している。

「急ぎの仕事は忙しい人に頼め」。よくいわれることだが、忙しい人ほど時間の有効利用である「集中する術」に熟知しているためだ。実際、時間とエネルギーを1つのことに集中すれば、少ない時間でも仕事を成し遂げられるだろう。それが可能なのは「1つの仕事に必要な時間をたっぷり見積もるから」だとドラッカーはその核心をつく。人は、安易な自信や期待で、必要時間を過小に見積もりがちである。だが、仕事はたいがい思い通りに進まない。だから、仕事に対して必要時間を多めに見積もっておけ、というのである。

また、**成果が伴わない人は、結果を急ぎすぎるからだともいう。結局、やり直すことになり、かえって遅れる。そのため、時間と競争せずにゆっくり進む必要がある。**

同時にいくつものことをするのも厳禁だ。どれか1つに問題が発生すると全体がストップしてしまい、ことわざにいう「虻蜂取らず」になってしまう。

「時間をまとめる」ための発想

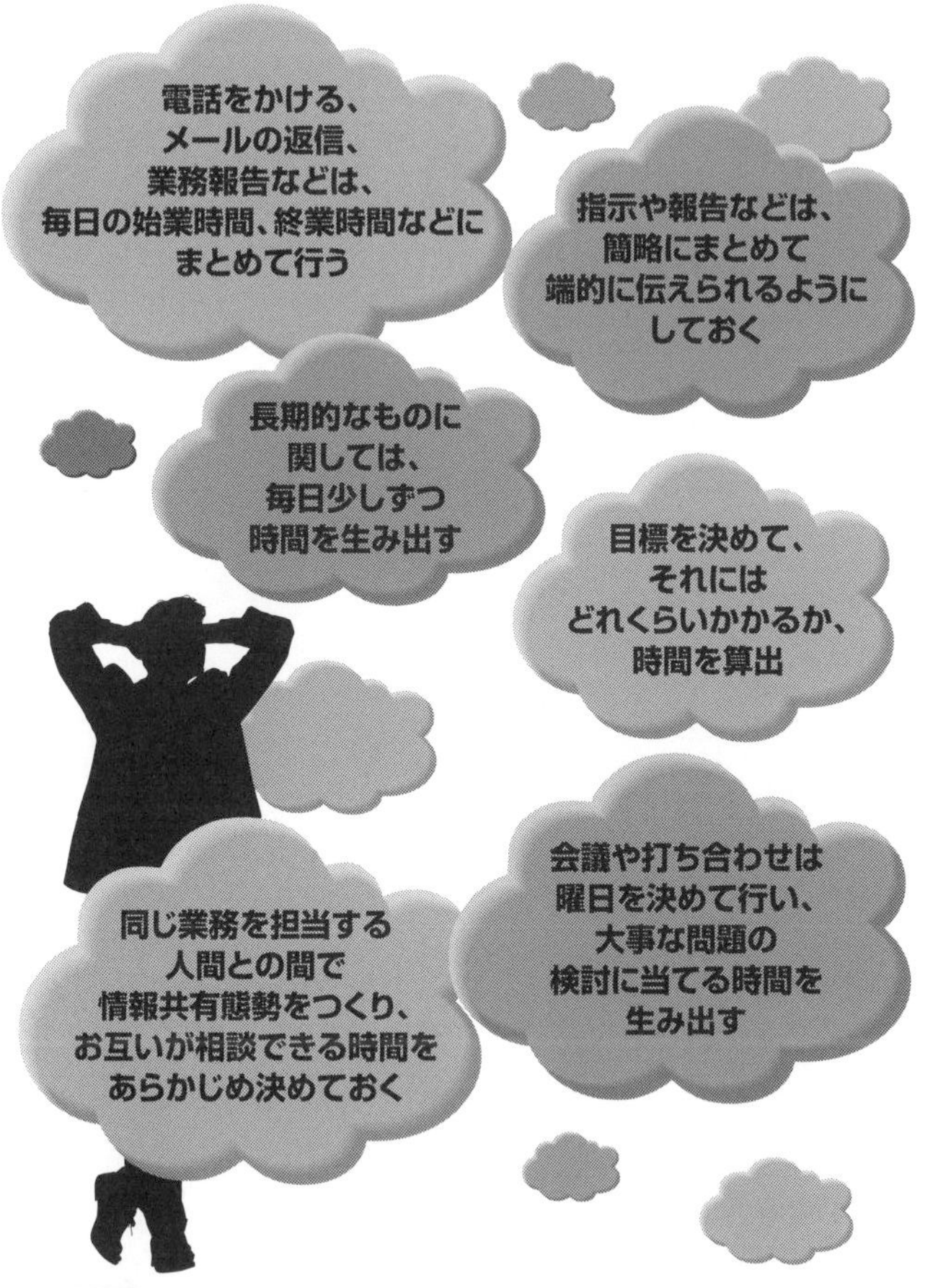
電話をかける、
メールの返信、
業務報告などは、
毎日の始業時間、終業時間などに
まとめて行う
指示や報告などは、
簡略にまとめて
端的に伝えられるように
しておく
長期的なものに
関しては、
毎日少しずつ
時間を生み出す
目標を決めて、
それには
どれくらいかかるか、
時間を算出
会議や打ち合わせは
曜日を決めて行い、
大事な問題の
検討に当てる時間を
生み出す
同じ業務を担当する
人間との間で
情報共有態勢をつくり、
お互いが相談できる時間を
あらかじめ決めておく

Keyword

成果をあげる人は最も重要なことからはじめ
しかも一度に１つのことしかしない。

59

やるべきでない仕事を捨てる技術

優先順位の決定は比較的容易である。集中できる者があまりに少ないのは、劣後順位の決定、すなわち取り組むべきでない仕事の決定とその決定の遵守が至難だからである。

優先順位の決定には、いくつかの重要な原則がある。すべての分析ではなく勇気にかかわるものである。第一に、過去ではなく未来を選ぶ。第二に、問題ではなく機会に焦点を合わせる。第三に、横並びではなく、独自性を持つ。第四に、無難で容易なものではなく変革をもたらすものを選ぶ。

『経営者の条件』より

優先順位と劣後順位を判断する

忙しすぎるという状況は、創造力を失う要因の1つである。本来、今日の仕事の疲れを残さず、明日のために気力、体力を蓄えておかなければならない。ところが、実際には、昨日までの仕事を引きずり、気持ちの切り替えがスムーズにいかないことのほうが多いのではないか。そのため、明日の仕事に全精力を傾けられないケースが多いと思われる。

ドラッカーはそうした状況を防ぐ方法として、「仕事に対する優先順位」と、「取り組むべきでない仕事を選別する劣後順位」をつけることを教えている。選別せずに、むやみやたらに目の前の仕事に手をつけることをたしなめているのだ。とにかく、**まず仕事に優先順位をつけ、最優先すべき仕事にエネルギーと時間を振り向けることからはじめたい。集中して片づいたら次のテーマに移る。**この方法は勉強などにも当てはまるやり方である。

しかし、実際に重要なのは劣後順位の決定だ。たびたび指摘してきた「過去の廃棄」にも通ずる考えで、すでに取り組むべき価値を失った仕事を捨て去ることだ。これは簡単なようで意外とむずかしい。これまで投下してきた資源の引き上げには勇気がいるし、携わってきた従業員の不満が渦巻くこともある。ライバル他社が継続することで成功するかもしれない、という疑念にもとらわれかねない。しかし、**劣後順位を決定し、そこで生じた資源を優先順位に振り向けて成功を志向するべき**なのである。

過去ではなく未来を選ぶ

どちらにしろ、順位の決定はストレスのかかるものだ。そこでドラッカーは、「重要なのは分析ではなく勇気だ」という。勇気とは、「過去ではなく未来を選ぶ」志向であり、「問題ではなく機会に焦点に当てる」気持ちのことである。

また、「横並びを嫌い、自らの方向性を持つ心構え」であり、かつ「無難かつ容易なものではなく、変革に照準を合わせる精神」と思ってよい。

ドラッカーはこうも語っている。

「科学的な業績は、研究能力よりも機会を追求する勇気に左右される。問題に挑戦せず、容易に成功しそうなものを選ぶようでは大きな成果はあげられない。大きな業績をあげる者は機会を中心に優先順位を決め、他の要素は決定要因でなく、制約要因にすぎないと考える」

成功には勇気と判断力が求められるのである。

「優先順位」と「劣後順位」の考え方

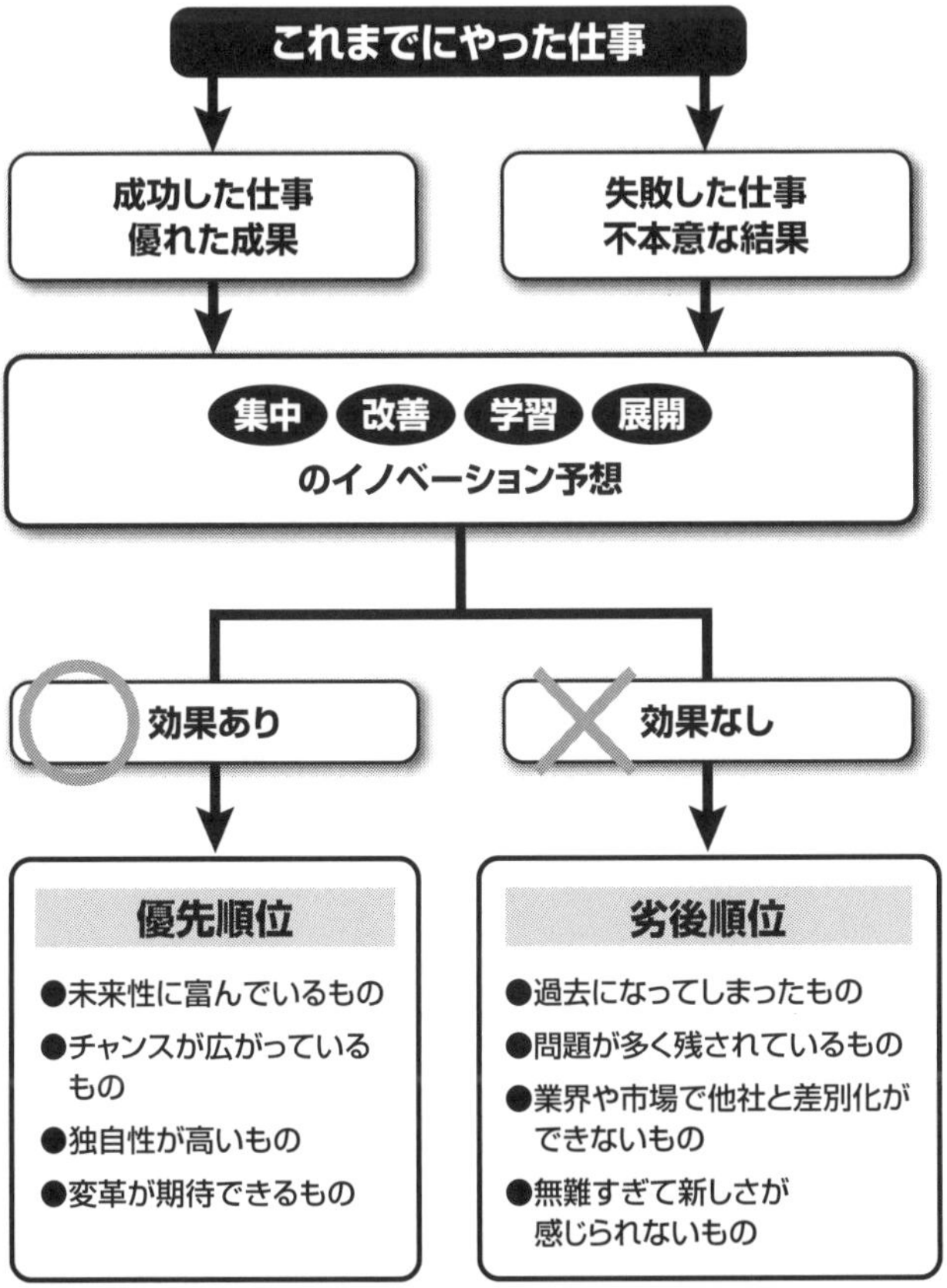

Keyword

劣後順位を決定し、そこで生じた資源を優先順位に振り向けて成功を志向する。

60

ビジネスマンの人生設計

競争のあとでは、多くの知識労働者が、40代、50代にして燃え尽きる……そのときに、できることが仕事だけであるならば問題が生じる。したがって知識労働者たる者は、なるべく若いうちに非競争的な生活とコミュニティをつくりあげておかなければならない。地域でのボランティア活動、地元のオーケストラへの参加、小さな町での公職など、仕事以外への関心事を育てておかなければならない。やがてそれらの関心事が貢献と自己実現の場を与えてくれる。

『ネクスト・ソサエティ』より

仕事を離れても活躍できる場を準備しよう

「歴史上はじめて、組織の寿命よりも人の寿命のほうが長くなった。そのため、まったく新しい問題が生まれた」とドラッカーはいう。「第二の人生をどうするか？」である。

肉体労働者に比べ、知識労働者には「いつまでも働いていたい」と願う人が多い。それは彼らが、「自らの強みが発揮できる仕事で満足感を得ること」を人生最大の目的としているからだ。

ドラッカーは、「**30歳のときには心躍った仕事も50歳になれば退屈する。だから第二の人生を設計することが必要**」という。新たに学ぶ意欲も薄れ、胸のときめきも少なくなる。

この問題を解決する**第一の方法は文字通り、「第二の人生を持つこと」**。新しい仕事でも、組織を変わるのでもよい。新しいことに挑戦することだ。

第二は「パラレル・キャリア」。NPOやボランティアなど本業とは別の世界を切り開くこと。

第三は、ソーシャル・アントレプレナー（篤志家）になること。本来の仕事を続けるが、それに割く時間を減らし、新しい仕事、非営利の仕事をはじめるのである。

彼が「第二の人生」をすすめるのは、それが挫折や逆境から人間を救ってくれるからでもある。

「知識社会では成功が前提となるが、全員が成功することはあり得ない。そこで何かに貢献し、意味あることをすることが生き甲斐に変わる」と、ドラッカーは語る。

いまあげた3つのどれを選ぶにせよ、リーダーの役割を自覚し、周囲からの敬意を感じると自信がみなぎってくる。人生をより強固なものにするし、もう一方では人生再生の鍵になる。

その意味でも、一刻も早く、第二の人生を設計することが重要だ。

真の「絆」は互いの尊重と相互理解から生まれる

もう1つのキーワードは「絆」。ドラッカーは「社会が真に機能するためには、絆が不可欠だ」という。絆とは、チームワークであり、パートナーシップであり、リーダーシップである。他方、自己実現の精神であり、助け合いであり、共通の目標に対する貢献の姿勢である。

そこで大事になるのが、「お互いの立場の尊重」と「相互の意思の確認」。共通の目標に貢献するためには、摩擦や重複を引き起こすことなく、一人が全体を代表し、全体が一人を尊重するように統合されねばならない。**個々人が意思を持ち、特性を発揮して取り組みを進めていくような「共生」が実現されたとき、企業も社会も素晴らしいものに発展するはず**である。ドラッカーの主張はすべて、この一点に集約されるといっても過言ではないと思う。

社会をよりよく機能させる習慣

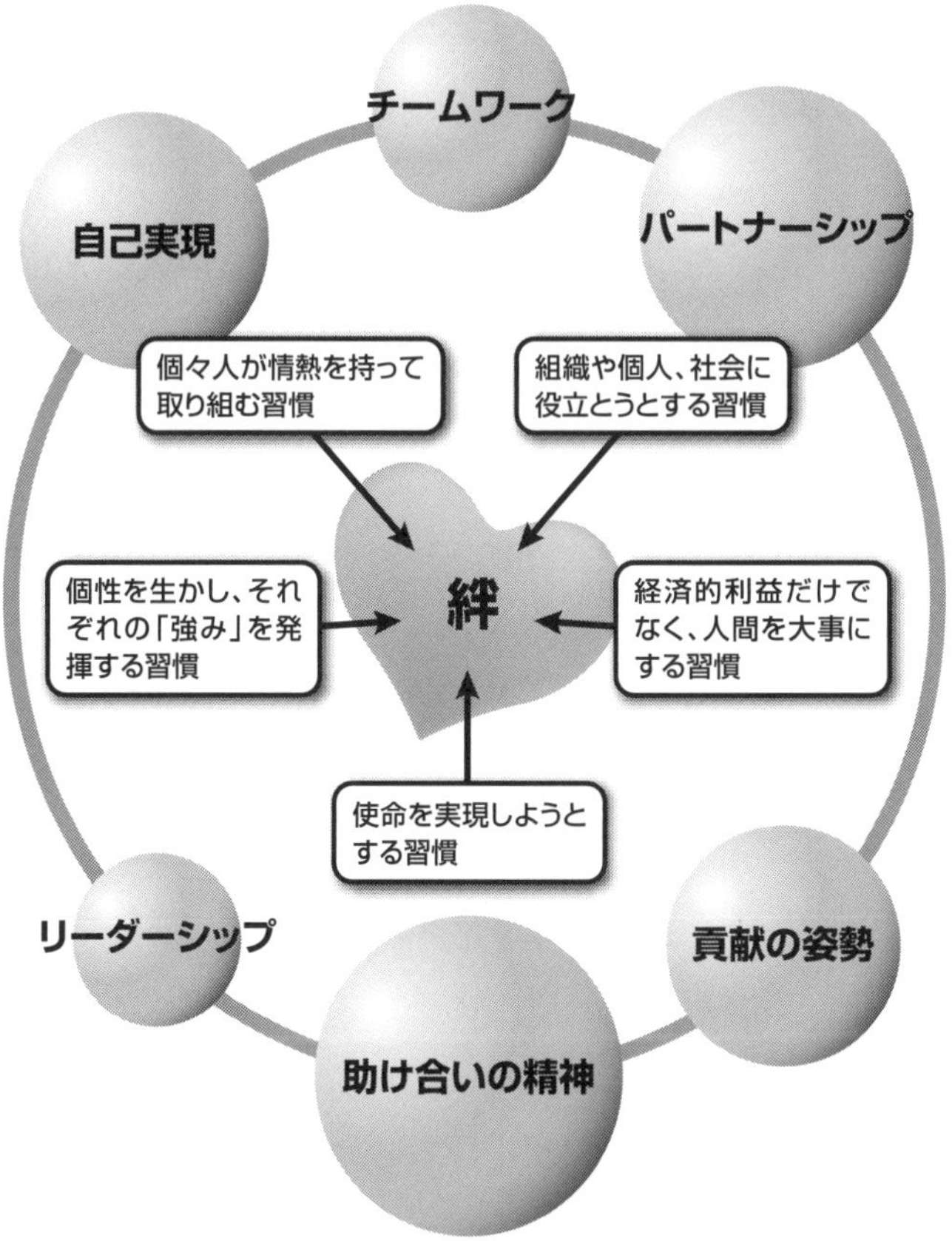
チームワーク
自己実現
パートナーシップ
個々人が情熱を持って取り組む習慣
組織や個人、社会に役立とうとする習慣
絆
個性を生かし、それぞれの「強み」を発揮する習慣
経済的利益だけでなく、人間を大事にする習慣
使命を実現しようとする習慣
リーダーシップ
貢献の姿勢
助け合いの精神

Keyword

第二の人生を設計することが人生を強固にし、時に人生再生の鍵にもなる。

おわりに

私は経営学の専門家ではない。そんな人間が、ドラッカー理論の「解説」を試みるなど、誠に不遜極まりないことであることを、まずお詫びしておきたい。

しかし私自身は、仕事柄、ドラッカーの著作に目を通す機会が多く、何度か読み返す中で、少しずつその姿が見えるようになった。そんな折、「ドラッカーには興味があるんだが、著作が多すぎて……」という声を聞くようになった。浅学を顧みず、彼の著作を推薦しているうち、「自分自身でわかりやすく集大成してみたい」という欲求がわいてきたという次第である。

じつはドラッカー理論は、なかなか哲学的である。現代のノウハウ書のように、たちどころに結論が書いてあるわけではない。そこで、自分なりに彼の思想を整理し、たどってきた道筋に沿って概要を示したつもりである。見当違いなどがあれば、何とぞご叱責を賜りたい。

もちろん本書の内容は、私個人の見解にすぎない。本書を入門編として役立てていただくことを願うが、ドラッカー理論のすべてを網羅したものではないので、彼の理論をより深く理解したいという方は、ぜひ原典をひもとくことをおすすめしたい。

編著者

【参考文献】

本書の各項目は、それぞれ、主に以下の著作を参考にさせていただきました。関係者の方々に、厚くお礼申し上げます。なお、日本での発行はすべて上田惇生氏訳・ダイヤモンド社です。
また本文中に引用した日本語原文に関しては、場合によって多少、意訳したものがあります。

●ドラッカーの著作

『経営者の条件』(ドラッカー名著集1)
『現代の経営』(上)(下)(ドラッカー名著集2・3)
『非営利組織の経営』(ドラッカー名著集4)
『イノベーションと企業家精神』(ドラッカー名著集5)
『創造する経営者』(ドラッカー名著集6)
『「マネジメント」エッセンシャル版』
『ネクスト・ソサエティ』
『チェンジ・リーダーの条件』
『ポスト資本主義社会』
『テクノロジストの条件』
『「新訳」乱気流時代の経営』
『ポスト資本主義社会』
『プロフェッショナルの条件』
『明日を支配するもの』
『新訳イノベーションと起業家精神』(上)(下)
『P・F・ドラッカー経営論集』
『実践する経営者』
『未来への決断』
『イノベーターの条件』

●その他の参考文献

『ドラッカー入門』(上田惇生著/ダイヤモンド社)
『ドラッカー名言集』(P・F・ドラッカー著・上田惇生編訳/ダイヤモンド社)
『実践するドラッカー　思考編』(上田惇生監修・佐藤等編著/ダイヤモンド社)
『ドラッカー20世紀を生きて』(P・F・ドラッカー著・牧野洋訳/日本経済新聞社)
『ドラッカー365の金言』(P・F・ドラッカー著・ジョセフ・A・マチャレロ編・上田惇生訳/ダイヤモンド社)
『マネジメントを発明した男ドラッカー』(ジャック・ビーティー著・平野誠一訳/ダイヤモンド社)
『ドラッカー』(ジョン・タラント著・風間禎三郎訳/ダイヤモンド社)
『図解で学ぶドラッカー入門』(藤屋伸二著/日本能率協会マネジメントセンター)
『図解雑学　ドラッカー経営学』(藤屋伸二著/ナツメ社)
『ピーター・ドラッカーの「マネジメント論」がわかる本』(中野明著/秀和システム)
『ドラッカーのマネジメント思考』(中野明著/朝日新聞出版)
『NHK知る楽/仕事学のすすめ・わがドラッカー流経営論』(2009年6〜7月号/日本放送出版協会)
『週刊ダイヤモンド2010年11月6日号・特集みんなのドラッカー』(ダイヤモンド社)
『これだけは知っておきたいドラッカー』(牛越博文著/文藝春秋)
『ドラッカー日本への言葉』(望月護著/祥伝社)
『ドラッカーとの対話』(小林薫著/徳間書店)

図解《ずかい》・やるべきことがよくわかる
ドラッカー式《しき》マネジメント入門《にゅうもん》

2018年1月25日　初版第1刷発行
2022年3月10日　初版第3刷発行

編著者　竹石《たけいし》　健《けん》

装　丁　菊池　祐
本文DTP　松井和彌
編　集　高部哲男
発行人　永田和泉
発行所　株式会社イースト・プレス
〒101-0051　東京都千代田区神田神保町2-4-7
久月神田ビル
TEL 03-5213-4700 ／ FAX 03-5213-4701
http://www.eastpress.co.jp
印刷・製本　中央精版印刷株式会社

ISBN 978-4-7816-1634-6

本書は小社より刊行した『図解で極めるドラッカー式マネジメント』（2010年）『超入門P・F・ドラッカー マネジメントの本質』（2012年）の改訂新版です。